Eugen Egner
DIE TRAUMDÜSE

Von Eugen Egner ist in der
Edition Phantasia erschienen:

SCHMUTZ (2008)

Unsere Bücher erhalten Sie
im gutsortierten Buchhandel
oder direkt beim Verlag
www.edition-phantasia.de

Eugen Egner
Die Traumdüse

Kurze Texte und Kolumnen
mit vielen Zeichnungen des Autors

1. Auflage – Oktober 2009

Copyright © 2009 bei Eugen Egner

Dieses Werk ist urheberrechtlich geschützt. Über alle deutschen Rechte verfügt die Edition Phantasia, Körber & Kohnle GbR, Bellheim. Nachdruck, sowie jede Verwertung außerhalb der Freigrenzen des Urheberrechts sind ohne vorheriges schriftliches Einverständnis des Verlags unzulässig und strafbar. Das gilt insbesondere für Vervielfältigungen, Übersetzungen, Mikroverfilmungen und die Einspeicherung und Verarbeitung in elektronischen Systemen.

© der deutschen Ausgabe 2009 bei Edition Phantasia, Bellheim
»kuk« ist ein Imprint der Edition Phantasia

Umschlagbild: Eugen Egner
Lektorat: Heiko Arntz
Satz, Layout: Edition Phantasia
Gesamtherstellung: CPI Moravia Books, Pohořelice

ISBN: 978-3-937897-33-2

www.edition-phantasia.de

Inhalt

Neulich, im Dezember. *Ein Gastbeitrag
von Max Goldt* 9
Dies ist gar keine richtige Geschichte 13
Eine Brieffreundschaft auf dem Billigmond 17
Navigation 20
Die Rache der Puppe 23
Das Herumreiten auf dem Schmutz und das
letztendliche Obsiegen desselben 26
Château Schlass 29
Sind Bienen noch zeitgemäß? 32
Abend mit Beleuchtung 35
Wieder in der Kultur: *Die Geisterbiege* 38
Paketzustellung 41
Die Entwicklung der Elektronik 44
Der persönliche Gemüse-Check 47
Der Hahn verreist 50
Eine interessante Betriebsbesichtigung 53
Gedanken über den Antrieb 56
Verwandtschaftsbesuch 59
Das bessere Leben 62
Gespenster in sturmheller Nacht 66
Traumhochzeit 69
Belastet 72
Das Fenster zur Welt 74
Das Knie der Großfürstin 77
Der Fünfundsiebzigste 80
Der Konzertflügel 82
Der Ventilator 85

Gott, gib mir meine Notizen wieder!   88
Wir brauchen Motoren, wir bauen sie selbst   91
Die Rekonstruktion der Katze   95
Neues Leben mit Schirm   98
9-Volt-Blockbatterie   101
Eine schweinische Mädchengeschichte   104
Erlebnis im Osten   107
Regierung streicht Betäubungsgeld für Kleinkinder   110
Auf Wohnungssuche   113
Aufwachen   116
Beim Welterbauer   119
Polizeiwitz   122
Predigerausbildung   123
Man kann nicht vorsichtig genug sein   126
Krankenkellnerin   129
Aus meiner Museumszeit   132
Bachs Bleistift   134
Essen und Trinken   137
Fußschalter   140
Wuppertaler Irritationen   142
Einkaufen   145
Meine frühe Zeit auf der Gladiolifarm   148
Autorität   151
Die Braut   153
Meine Entzückungsverfügung   156
Keine Wurst auf dem Propellerberg   159
Baumarktkinder   162
Die Traumdüse   165
Vom erzieherischen Wirken   168
Drastikum   171

Die Rückhaltprogression 174
Aus der psychologischen Praxis 177
Sitzung bei Einzeller 180
Die Insekten 182
Besucht die Kaspergruft 185
Das Fahrzeug 189
Zwangsehe 192
Ich war das Klavier von Brahms 195
Wunderbare Welt der Wahrnehmung 198
Wie Bücher geschrieben werden 201
Nachbemerkung 204

Neulich, im Dezember
Ein Gastbeitrag von Max Goldt

Neulich, im Dezember, hatte Eugen Egner im Berliner Buchhändlerkeller, der gar nicht richtig im Keller liegt und dessen Besitzer ebenfalls neulich zu allgemeinem Schock und Schrecken verstorben ist, einen Leseabend zu bestreiten. Da es in der mit grünen Omnibussitzen ausstaffierten Kleinkunststube kein ordentliches Backstage gibt, hatte ich Eugen aufgefordert, die Zeit vor seinem Auftritt in meinem Wohnzimmer zu verbringen. Ebenfalls eingeladen war der Komponist Stephan Winkler, der mit Hilfe des Deutschen Musikrates eine schöne CD auf die Beine gestellt bekommen hat und im übrigen auch schon einen Egner-Comic, nämlich *Mutter Bergmanns schismatischer Wunsch,* zu einer Art Schüler-Kurzoper für Bad Schwartau verarbeitet hat, zu Hausbesuchen jedoch auch gern ausgefallenes Knabberwerk mitzubringen pflegt. Eugen dagegen brachte aus seiner bergischen Heimat noch einen zusätzlichen fremden Herrn mit, einen Sozialarbeiter, wenn mein Gedächtnis mich nicht trügt. Auch ich kenne einen Sozialarbeiter, welcher unangenehm auffällig gewordene junge Männer mit Migrationshintergrund hütet. Er sagt, wenn man sich die ganzen Messer, die verkorkste Sexualität und die religiöse Grütze in den Köpfen wegdenkt, seien es in ihrer sagenhaften Dummheit eigentlich ganz rührende Knaben. Der Egnersche Sozialarbeiter hatte allerdings kein Rudel kulturell entwurzelter Heißsporne mit verkorkster Sexualität mitgebracht, sondern eine Schauspielerin aus Spandau oder so etwas ähnlichem. Tessa Mittelstaedt hieß sie und setzte sich sofort direkt (15 cm Abstand!) vor meinen Fernseher, weil darin die erste Folge einer Hotel-Serie, in der sie mitspielte, lief. Alle zwei Minuten rief sie, weiterhin heftigst den Bildschirm bestarrend, hinter sich: »Ihr könnt euch ruhig weiter unterhalten!« Dabei unterhielten wir uns gar nicht, sondern schauten uns in der Tradition echten alteuropäischen Schwerenötertums die aparte Künstlerin von hinten an. Ich reichte einen Crémant, also einen Champagner, der nicht aus der Champagne ist, was dem wertvollen ausländischen Blubbern keinen Abbruch tat.

Im Buchhändlerkeller waren nicht allzuviel Leute, dafür aber welche aus Potsdam und Spandau, denn Spandauer fahren immer rhythmisch hupend nach Charlottenburg und machen dort Hully Gully, weil ihnen Berlin-Mitte zu weit und zu oberlehrerhaft, nee: das andere Wort: zu abgehoben ist.

Es waren immerhin ausreichend Leute da, um eine allerdings bröckelige Kulisse für Eugens von langen Männerhaaren umhangene Textdeklamation zu bilden und wohlwollend, jedoch knöchern wie höfliche Tote zu applaudieren.

Hinterher saßen wir beiden durchaus bedeutenden Schriftsteller noch mit dem ebenfalls signifikanten Komponisten in meiner Küche. Der werte Kollege war ungewöhnlich freßbegierig. Ich mochte ihm die absurdesten Dinge aus meinem Kühlschrank reichen, er erwiderte immer nur:»Da würde ich nicht nein sagen« und fuderte alles in sich hinein.

Und ich reichte ihm weiß Gott eigenwillige Dinge! Er aß alles, was da schon seit Jahren stand. Grüngefärbte Minizwiebeln aus Malta zum Beispiel.

Nachdem ich mich dann gegen dreie, aufgrund Berliner Alkoholüberdrusses, in die nur wenige Gehsekunden entfernte »Heia« begeben mußte, soll Eugen mit dem Komponisten Stephan Winkler noch bis »halb sechse ungefähr« in der Kneipe »Zwiebelfisch«, inzwischen bekannt aus dem Film *Elementarteilchen*, gesessen sein und dort noch mehrere regionale Feinschmeckerplatten in sich herein – ich wiederhole mich ungern, aber es muß sein – »gefudert« haben.

Danach habe ich lange nichts von ihm gehört. Allerdings schickte er mir eine elegante Zeichnung, die ich – lax, affig, nachlässig gerahmt – an meine Aebeuitszimmerwand, ja ich wiederhole mich, das Tippfehlertum gar nicht ganz hassend, gern: Aebeuitszimmerwand gehängt habe.

Dort hält sie sich noch heute auf, wobei sie mich in einem fort an den kaum mit irgendwas anderem auf der Welt vergleichbaren Eugen Egner erinnert. Träte er doch öfter in meine Stuben!

Dies ist gar keine richtige Geschichte

In letzter Zeit werde ich oft fälschlicherweise für einen Postboten gehalten. Einmal geschah es, daß ich stundenlang völlig selbstvergessen vor dem Gartentor eines Einfamilienhauses verharrte, als traute ich mich wegen eines bissigen Hundes nicht auf das Grundstück. Im Vorgarten, gleich neben dem Weg zum Haus, stand ein aus vier Holzstücken kreuz und quer zusammengenageltes Gebilde, in dessen Betrachtung ich mich nun vertiefte, bis endlich ein Mann mittleren Alters aus dem Haus gelaufen kam und mir zurief: »Keine Angst, das ist kein richtiger Hund!«

Er öffnete das Törchen, um mich, den vermeintlichen Postboten, einzulassen. Ich tat erleichtert und zog ein paar Briefe aus der Tasche. (Längst habe ich mir angewöhnt, in solchen Situationen den Leuten ein wenig Post zu überreichen, damit keine langen Diskussionen entstehen.) Der Mann ging die Briefe durch.

»Nur wieder Reklame und Rechnungen«, kommentierte er mürrisch.

Ich schlug vor: »Die Rechnungen können Sie gleich bei mir bezahlen.«

»Später«, antwortete er. »Kommen Sie doch mit ins Haus, ich möchte Ihnen etwas zeigen.«

»Geht es um Holz?«

»In der Tat, ja«, erwiderte der Mann verblüfft, »woher wissen Sie das?«

Ich schwieg, um eine geheimnisvolle Wirkung bemüht.

In der Diele gesellte sich die Ehefrau zu uns.
»Zeigen wir es ihm?« fragte sie ihren Mann.
Er nickte: »Ich denke schon.«
»Sind Sie ein Ästhet?« erkundigte sie sich sodann bei mir. »Letzte Woche hatten wir nämlich einen homosexuellen Dichter hier, der interessierte sich nicht dafür.«
»Laß ihn, Margret«, sprach der Ehemann besänftigend. »Ich sehe es in seinen Augen, er hat gewiß den rechten Sinn dafür.«
Inzwischen hatte uns das Wohnzimmer aufgenommen. Aus einer unübersichtlichen Ecke zog das Paar etwas hervor, ein Stück Holz, wie ich bald erkannte. Feierlich gemessenen Schrittes wurde es vierhändig zu mir getragen wie Kronjuwelen oder das Herz Jesu. Die Eheleute riefen: »Wir sind ehrlich stolz auf dieses Stück Holz!«
Man ließ mich geraume Zeit mit dem Stück Holz allein, damit ich seine Vorzüge von allen Seiten zu würdigen lernen konnte. Ein unglaublicher Vertrauensbeweis war das – schließlich war ich doch ein Fremder, der fälschlicherweise für einen Postboten gehalten wurde! Ich nahm mir in diesen Stunden vor, mich künftig wieder mehr um meine Sammlung alter Armlehnen zu kümmern. Es war einfach schön, etwas zu haben, das einen interessierte und ausfüllte. Schließlich mußte ich mich aber losreißen und klingelte.
»Schon fertig?« wunderte sich der Mann, als er hereinkam und die Klingel zerschmetterte.
»Ich muß zurück zum Briefzentrum«, log ich unverschämt.

Der Mann ließ das nicht gelten, sondern fing an, mir auseinanderzusetzen, welche immense Bedeutung das Holzstück für ihn und seine Frau hatte, und zwar unter den Hauptgesichtspunkten: ungewollte Schwangerschaft, Zeugungsunfähigkeit, Ehescheidung, Wiederverheiratung, Wohnsitzwechsel.

»Es reicht«, mahnte seine Frau. »Mach den Herrn nicht verrückt. Du hörst doch, daß er zum Briefzentrum muß.«

Wütend stampfte der Mann auf und schmiß das Holzstück in die unübersichtliche Ecke zurück, daß die Splitter nur so flogen. Meine gezwungen höflichen Abschiedsworte überhörte er bockig.

»Kommen Sie«, sagte seine Frau zu mir, »ich lasse Sie hinaus.«

Neben der Haustür stießen wir auf ein paar kurze, mit Stricken aneinandergebundene, aufrecht stehende Dachlatten.

»Keine Angst«, lachte die Frau, »das ist kein richtiges Kind!«

Da stieß mich ihr unversehens aus dem Hintergrund aufgetauchter Gatte heftig vor die Brust und heulte ergriffen: »Kein richtiges Kind, fürwahr! Ein paar Holzstücke nur! Und doch, und doch! Sagt uns, Fremder: Wieso sehen wir trotzdem darin unseren legitimen Erben?«

Ohne eine Antwort darauf zu geben, riß ich mich los. Die Frau verbrannte fassungslos ihre Strumpfhose, der Mann verlangte mit umgekippter Stimme wieder und wieder nach der Axt. Ich bereute, jemals dieses Grundstück betreten zu haben. Mir war völlig klar: Nie könnte ich hier meinen Urlaub oder meinen Lebensabend verbringen. Fort, nur fort!

Einer etwaigen Verfolgung vorbeugend, warf ich dem zerknirschten Ehepaar noch etliche Briefe hin. Dann rannte ich los und hörte nicht auf zu rennen, bis ich keuchend die nächste Haltestelle erreichte. Zum Glück kam sehr bald ein Bus, der stadteinwärts fuhr. Ich stieg erleichtert ein und sagte dem Fahrer, wohin ich wollte. Doch statt mir für mein Geld einen Fahrschein auszuhändigen, sah er mich nur prüfend an. Unter den Passagieren brach Unruhe aus. Jemand schrie: »Ach Gott, ach Gott, jetzt will der hier mitfahren!«

Der Fahrer aber antwortete: »Keine Angst, das ist gar kein richtiger Fahrgast!«

Konsterniert schaute ich in den Rückspiegel – und ja, tatsächlich: ich war bloß ein paar lose verschraubte Bretter!

Eine Brieffreundschaft auf dem Billigmond

Nach getaner Arbeit saß ich teetrinkend im Sessel und lauschte der Rundfunkübertragung eines Kammerkonzerts. Plötzlich brach die Musik ab, und drei irre Stimmen schrillten aus den Lautsprechern: »Programmänderung! Wir wollen sofort eine Kochsendung bringen! Programmänderung! Kochsendung!«

Eine Feuerwehrglocke wurde frenetisch geläutet, lautes Brutzeln war zu hören und das Klappern von Herdgeschirr.

»Damen und Herren«, schrien die Irren weiter, »wir werden jetzt einen Fisch zubereiten. Obacht! Aufgemerkt! Fischzubereitung!«

Als nächstes wurde behauptet: »Diesen Fisch haben ein paar Eichhörnchen für uns aus dem Meer gezogen. Es waren gute Eichhörnchen. Und wir haben sie mit Eichhörnchen-Geld gut bezahlt. Nun wollen wir den Fisch aufschneiden. Zurücktreten! Brillenträger und Herzkranke in den Schutzraum!«

Es folgte ein häßliches Schneidegeräusch. Die drei Irren fuhren fort: »Nunmehr erfolgt das Ausnehmen.«

Wieder erklang die Feuerwehrglocke. »Da ist was drin, in dem Fisch«, hieß es dann. »Ein Fremdkörper. Sieht aus wie ... Abwischen, das! Damen und Herren, es handelt sich um eine Musikkassette. Was ist da drauf? Ein Fischrezept? Sofort abspielen!«

Gut hörbar wurde die Musikkassette in ein entsprechendes Abspielgerät eingelegt. Eine Frauenstimme hob an zu erzählen:

»Das war also die Innere Mongolei des Billigmondes, auf den ich strafversetzt worden war. Meine drei minderwertigen Reiseführer zeigten mir stolz die offene Weite des Landes. Aus der Ferne trug der Wind rasendes Schreibmaschinengeklapper heran. Die Reiseführer sprachen zu mir: ›Hör nur das kleine Mädchen! Das arme kleine Mädchen! Das arme, arme kleine Mädchen!‹ – ›Was ist das für ein Tippgeräusch?‹ wollte ich wissen. ›Haben wir dir doch gerade eben gesagt‹, erwiderten die Reiseführer beleidigt. ›Hör nur das arme kleine Mädchen, haben wir gesagt. Das arme, arme kleine Mädchen.‹ Ich wunderte mich: ›Ein kleines Mädchen tippt da so beharrlich?‹ – ›Ja. Indem es seine Briefe schreibt. Ins Leere.‹ – ›Es schreibt Briefe ins Leere?‹ wunderte ich mich weiter. ›Warum tut es das?‹ Meine minderwertigen Reiseführer erklärten: ›Es braucht so dringend eine Brieffreundin. Weil es hier aber keine hat, denkt es sich eine. Wir machen für dich hörbar, was sie schreibt. – Worterkennung aktivieren!‹ Nach einem altmodisch trötenden Signalton wurde die Stimme eines kleinen Mädchens mit leichten Phasenverschiebungen hörbar: ›Liebe unbekannte Brieffreundin! Ich wünschte, du könntest hier sein. Weihnachten ist hier sehr nett, und die Silvesterbräuche gelten als ausgesprochen scherzhaftes Volksspiel. Ich wünsche mir viel Geld, damit ich mir einen eigenen Hausstand einrichten kann. Ich will dir einmal aufzählen, was mir noch alles fehlt: ein Salatbesteck, ein Küchenschrank, ein Brotmesser, neunzehn Paar Socken, Gardinen, ein Lattenrost ...‹ Mir war klar: Wenn die Kleine so weitermachte, würde sie noch den Verstand verlieren. ›Werde du doch die Brieffreundin der Kleinen‹, schlugen mir die Reiseführer vor. ›Sie würde sich ja so freuen –‹«

Da eroberten die Truppen des Rundfunkintendanten den Sender zurück, und es wurde wieder Kammermusik gesendet.

Navigation

Das erste Navigationssystem, das ich mir kaufte, funktionierte nicht richtig. Nach dem Einschalten sagte jedesmal eine Frauenstimme: »Mein Hund behauptet, er wäre der Westfälische Friede!« Dann sagte ein Mann: »Meine Frau ist ganz holzverkleidet!« und ein zweiter rief: »Ich bin schon vierzig und werde dauernd konfirmiert!« Danach meldete sich wieder die Frau: »Hören Sie sich mal mein Bett an«, und es erklangen laute Schläge einer Kirchturmuhr. Offenbar hatten diese Menschen Probleme, die ich keinesfalls haben wollte, aber ich konnte nicht einsehen, weshalb ich mir das immer anhören sollte, wenn ich mein Navigationssystem in Betrieb nahm. Damit war doch niemandem geholfen. Also wurde das Gerät an den Hersteller zurückgeschickt und kam nie zurück.

Statt dessen brachte mir der Prokurist der Firma nach Feierabend ein neues, ohne unsinnige Stimmen. Meine anfängliche Freude wurde bald schon getrübt, denn ich mußte feststellen, daß auch dieses Gerät nicht hundertprozentig in Ordnung war. Mir fiel eine Neigung zum Unpräzisen auf. Zum Beispiel kam es öfter vor, daß die Frauenstimme sagte: »Nach ungefähr zweihundert Metern ... äh ... also, nach hundert Metern rechts abbiegen. Nein, Scheiße, jetzt hätten Sie links abbiegen müssen. Jetzt rechts, ich meine: geradeaus.«

Optimal oder effektiv war das nicht zu nennen. Doch damit nicht genug. Manchmal klang die Stimme unseriös, es war ein unterdrücktes Lachen zu hören, und es wurden Vorschläge gemacht, die beim besten Willen nicht in Einklang mit der Straßenverkehrsordnung standen, wie zum Beispiel:»»Wenn Sie durch den Fluß fahren und dann durch die Fußgängerzone, ist der Weg viel kürzer.« Oder: » Nach fünfhundert Metern stark hupen.« Ich meine nach wie vor, so etwas ist verantwortungslos, und der Hersteller hätte unbedingt besser achtgeben sollen.

Schlimm fand ich nicht allein die Albernheit der aus dem Navigationssystem sprechenden Frauenstimme. Was mich noch mehr störte, war ihre gelegentliche Verstocktheit. Wenn sie in einer derartigen Stimmung war, gab sie nicht nur zweifelhafte Anweisungen (»Wenden Sie nach zwölf Kilometern«), sondern verweigerte sich aufs bockigste: »Ach, fahren Sie doch, wohin Sie wollen! Haben Sie keine Straßenkarte? Früher ging das doch auch!«

Was soll man mit einem solchen Navigationssystem? Der Hersteller kann doch nicht dulden, daß die Daseinsberechtigung seines Produkts von diesem selbst in Zweifel gezogen wird!

In letzter Zeit trat dann häufiger ein deutliches Desinteresse der Frau am Navigieren zutage, eine Unkonzentriertheit, die sich in Fragen äußerte wie »Wo waren wir stehengeblieben, ich meine, wo waren wir doch gleich ... Sind Sie schon rechts abgebogen?«

Immer häufiger wurde gekichert, bis es dann gestern auf der Autobahn zum Eklat kam. Nach etlichen, wie unter Zwang ausgestoßenen, mir beim Fahren wenig hilfreichen Obszönitäten räusperte sich die Stimme mehrmals und versuchte, sich zusammenzureißen. Es gelang ihr aber nicht. Zuletzt riet sie mir: »Immer der Nase nach!« und lachte los wie eine Verrückte. Mehrmals schrie sie: »Ich lach mich tot! Ich lach mich tot!«

Das tat sie auch. Nun hat es sich ausnavigiert.

Die Rache der Puppe

Bereits als Kind schickte ich jedesmal, wenn es brenzlig wurde, meine Puppe vor. So gedachte ich auch als Heranwachsender mein Leben zu meistern; in der Schule, bei der Kriegsdienstverweigerung, im Berufsleben – in allen Lagen sollte mir die Puppe unliebsame Konfrontationen abnehmen. Als ich dann in die Pubertät kam, benutzte ich sie, um an Mädchen heranzukommen.

Im Alter von vierzehn Jahren hatte ich ein heimliches Verhältnis mit Maria Schmitt (Name geändert), der einzigen Tochter eines Studiendirektors. Schmitts (Name immer noch geändert) wohnten in einer feineren Gegend als ich, weshalb ich es nie und nimmer wagen konnte, an ihrer Tür zu klingeln und nach der Tochter des Hauses zu fragen. Da mußte die Puppe einspringen. Schlau, wie ich war, sondierte ich zunächst genauestens die örtlichen und familiären Verhältnisse. Einen Kirschlorbeerstrauch im Vorgarten und Mutter Schmitt (Name bleibt jetzt geändert) machte ich endlich, ohne daß sie es ahnten, zu meinen Komplizen. Einen Strauch zu seinem Komplizen zu machen, ohne daß er es ahnt, ist relativ leicht, bei einer Mutter ist es schon schwieriger und erfordert einiges Ingenium. Ich hatte bald heraus, daß es im Hause Schmitt Umstände gab, die mir dienlich waren, und nutzte sie schamlos. Mutter Schmitts ganze Leidenschaft war das Klavierspiel, das sie auf eine so laute wie wirre Art betrieb. Für mich damals war es

Free Jazz, für sie selbst vielleicht auch, für ihren Gatten aber, der Wert auf wohldefinierte Schallführung und saubere, neutrale Klangproduktion legte, war es die Hölle. Wenn es Maria und mich nach einer Intimität gelüstete, brauchten wir nur zu warten, bis ihr Vater vom wirren Klavierspiel seiner Frau abgelenkt war. Dann klingelte ich, stellte die Puppe auf die Fußmatte vor der Haustür und verschwand blitzschnell hinter dem Kirschlorbeerstrauch. Der enervierte Vater öffnete und sah einigermaßen geistesabwesend die Puppe da stehen, wo ich sie plaziert hatte. Das Kabel, das unten aus ihrem Kleidchen kam, sah er wegen der lauten und dissonanten Töne seiner Frau aber nicht. Es verlief über den Weg ins Gebüsch, wo ich mit einem Mikrophon saß. Da hinein sprach ich zwecks Erzielung optimaler Übertragungsdaten mit süßer Stimme und ließ die Puppe lippensynchron sagen: »Ich möchte Ihre Tochter zum Spielen abholen.«

Das konzentrationszerrüttende Klavierspiel in der Wohnung hielt unvermindert an, und Vater Schmitt konnte infolge seiner dadurch herabgesetzten Denkfähigkeit keinerlei Zweifel an dem scheinbar ganz harmlosen Sachverhalt entwickeln, der sich ihm an der Haustür darbot. Er rief einfach seine Tochter. Die kam, nahm die Puppe hoch und sprach zu ihr. Während der Vater die Haustür zuschlug und drinnen seine Frau über die Cluster hinweg anbrüllte, sie solle endlich Ruhe geben, rollten Maria und ich eilig das Mikrophonkabel auf. Dann rannten wir in unser Versteck (Gartenhütte), wo wir geschlechtlich wüteten. Die Puppe wurde auf den Fenstersims der Hütte gestellt, mit dem Gesicht nach außen, damit sie uns warnen konnte, falls Gefahr drohte. So ging es lange Zeit gut, und wir reiften heran.

Irgendwann aber kam die Puppe auf Gedanken. Sie fühlte sich benutzt und begehrte dagegen auf, immer nur eine so untergeordnete Rolle zu spielen. Statt dessen wollte sie selbst im Mittelpunkt geschlechtlichen Wütens stehen. Es wurde Zeit für ein vernünftiges Gespräch, das ich dann eines Nachmittags zu Hause und unter vier Augen mit ihr führte.

»Sieh mal, du bist doch viel zu klein«, sagte ich und thematisierte überdies ihre ungeeignete Körperbeschaffenheit sowohl in anatomischer Hinsicht als auch in Ansehung des Materials, aus dem sie bestand. Darüber geriet sie sehr in Zorn. Um Rache an mir zu nehmen, kündigte sie mir nicht lediglich den Dienst auf, sondern drang außerdem in Schmitts Haus ein und zertrümmerte das Klavier. Dann riß sie den Kirschlorbeerstrauch aus. Als sie damit fertig war, machte sie die Gartenhütte dem Erdboden gleich. Vater Schmitt setzte ihrer Raserei schließlich mit dem Jagdgewehr ein Ende, aber Maria war ab sofort unerreichbar für mich. Seither scheitere ich in allen Lebensbereichen.

Das Herumreiten auf dem Schmutz und das letztendliche Obsiegen desselben

Der Pfarrer trug leere Milcheimer bis zum »Zusammenbrechen der Entkräftung«, wie er sich ausdrückte. Bei dieser Tätigkeit wollte ihn der Lehrer photographieren, aber die Abbildungen, die er ihm später zeigen sollte, hießen *Das Rührwerk* und *Der Quadrant*. Vor Lehrer und Pfarrer muß an dieser Stelle gleichermaßen gewarnt werden, da sie instabile Charaktere waren.

Ganz anders dagegen die Protagonisten Berti und Gerd. Sie wollten eine Kneipe »aufmachen«, welche *Das Herumreiten auf dem Schmutz und das letztendliche Obsiegen desselben* heißen sollte, weil es ihnen so eingefallen war. »Das Kaufmännische ist die richtige Idee in unserer Zeit«, sagte Gerd (oder Berti), und Berti (oder Gerd) sagte: »Es wird die kummervolle Errettung aus der Hergebrachtheit sein.«

Natürlich brauchten sie Geld für *Das Herumreiten auf dem Schmutz und das letztendliche Obsiegen desselben*. Berti und Gerd trafen den Pfarrer an der Hafenecke.

»Nehmt es bitte nicht persönlich«, sagt er zu ihnen, »aber ihr seht aus wie Leute.«

Schon hatte er Hausverbot in der Kneipe, noch bevor dieselbe überhaupt finanzierbar war. Und so ging es weiter: Der Rauch bewegte kleine Bäume, der Pfarrer warf Ziegel ab. Es war schon gleich sechs! Das Gewitter hielt sich nicht an die Regeln. Berti und Gerd aber brauchten noch immer Geld für *Das Herumreiten auf dem Schmutz und das letztendliche Obsiegen desselben.* Wieder und wieder dachten sie an die Sparkasse, und diese Gedanken ließen schließlich die Sparkasse entstehen.

Die Angestellten der Sparkasse sagten: »Wenn ein Mädel in unserer Gruppe ist, wird es niemals langweilig werden. Und wir haben das Geld.«

Davon hörten, möglicherweise durch Pfarrer oder Lehrer, auch Berti und Gerd. Gerd, der wußte, wie die Angestellten über Mädchen dachten, schickte Berti aus: »Geh und beeindrucke die Sparkasse!«

Berti sagte noch einmal: »Es wird die kummervolle Errettung aus der Hergebrachtheit sein« und ging wirklich zur Sparkasse. Dort wurde sie vom Direktor persönlich empfangen, ein von Pfarrer oder Lehrer aufgesetztes Empfehlungsschreiben verschaffte ihr Einlaß.

»Nun gibt es«, sprach der Sparkassendirektor, »keine zuverlässigen, allgemeingültigen Regeln für das Geld.« Er verlor völlig das Interesse an diesem Thema und zeigte ihr ein paar Abbildungen: *Die lebende Kaltspeise, Die künstliche Atmung* und *Das handdicke Wasser.*

So kehrte Berti am Abend mit leeren Händen zurück. Inzwischen hatte Gerd einen Laden, aber keine Kneipe eröffnet. Der Gedanke an einen Kredit der Sparkasse hatte dies ermöglicht. Berti war überrascht und nannte diese Vorgänge »eine unerwartete Entwicklung«. Grundsätzlich hatte sie jedoch nichts gegen einen Laden, zumal dieser *Das Herumreiten auf dem Schmutz und das letztendliche Obsiegen desselben* hieß. »Das Kaufmännische ist die richtige Idee in unserer Zeit«, sagte sie. Natürlich mußte der Laden nun florieren, denn der Kredit heulte ums Haus. Um Kundschaft in ihren Laden zu zwingen, scheuten Berti und Gerd kein Mittel. Hinter die Schaufensterscheibe klebten sie einen Zettel mit der Aufschrift »Bitte hier reinkommen«.

Château Schlass

Ich hatte ziemlich viel Geld mit einer Erfindung verdient (zwei große Pappendeckel, die gegen die morgendliche Sonneneinstrahlung vors Fenster gehängt wurden), so daß ich mir zum ersten Mal in meinem Leben eine Urlaubsreise leisten konnte. Weil ich Woche für Woche Unmengen leerer Weinflaschen zum Altglas-Container schleppte, stand für mich fest, daß ich in eine Weingegend fahren würde, und zwar in eine französische. Aber in welche? Ich entschied mich für eine aleatorische Methode, um dieses Problem zu lösen. Als wieder ein Dutzend leerer Flaschen zusammengekommen war, griff ich ohne hinzuschauen einfach eine heraus. Welches Weingut das Etikett auch nennen mochte – dort würde ich meinen Urlaub verbringen. *Château Schlass* las ich mit Mühe, das Etikett war über und über mit Kugelschreiber vollgekritzelt. An diese Flasche konnte ich mich überhaupt nicht erinnern, doch das wollte nicht viel heißen. Der Winzer hieß, so weit ich entziffern konnte, Phreno Schlinger, der Ort Saveteville. Ebenda fand ich mich dann nach einer Rolle rückwärts mit sauberen Füßen ein. Mir war schwindlig, und daran sollte sich auch nichts mehr ändern. Direkt auf dem Weingut konnte ich nicht logieren, da Monsieur Schlinger keine Fremdenzimmer vermietete. Im Ort war derzeit nichts frei, doch einen Kilometer außerhalb, auf halbem Wege zum Château Schlass, fand sich etwas in einem Haus, das man nicht allzu schnell betreten durfte, weil man sonst auf der anderen Seite gleich wieder im Freien stand. Jeden Tag ging ich zu Fuß nach Saveteville, um in der Dorfkneipe zu essen und zu trinken. Links vom Weg ins Dorf erstreckte sich, so weit man blicken konnte, das Weingelege. Der Wein wuchs ebenerdig bis an den Straßenrand. Es gab auch einen Baum, der einen baumlangen Schatten warf. Gleich da, wo dieser aufhörte, saß oder lag etwas in den Furchen des Weingeleges, etwas mit langen Ohren. Ich wußte nicht, ob man damit vernünftig reden konnte, aber ich beherrschte sowieso kein Wort Französisch. Deshalb sprachen im Wirtshaus auch alle deutsch. Es wurden im wesentlichen immer dieselben Sätze wiederholt: »Der teure Wein in der affigen Flasche ist dünn«, »Wir haben das Etikett mit unseren Kugelschreibern vollgekritzelt« und »Die ganze Welt fällt runter« – aber allein diese höfliche Geste einem Deutschen gegenüber war doch bemerkenswert. Ganz besonders beliebt bei den Insassen des Etablissements war etwas, das mir ein Fabulierspiel zu sein schien. Es wurde immer wieder gerufen: »Ein Eichhörnchen muß eine Glühbirne auswechseln und dabei …« Dann wurden wechselnde schwierige Aufgaben genannt, die ein Eichhörnchen gewiß nie hätte lösen können. Manchmal hieß es auch »Ein Eichhörnchen muß eine Batterie auswechseln«, aber die Glühbirne kam häufiger vor. Furchtbar gelacht und geschrien wurde immer dabei, so extrem lustig war das Spiel. Ich beteiligte mich nie daran, sondern konzentrierte mich wortlos aufs Trinken. Irgendwann traute ich mich nicht mehr an dem Etwas mit den langen Ohren vorbei, das da tagein, tagaus in den Furchen neben dem Weg lag. Es war mir nicht länger möglich, in die Dorfkneipe zu gehen. Damit waren meine Urlaubstage in Frankreich gezählt.

Sind Bienen noch zeitgemäß?

Rein zoologisch betrachtet, ist die Biene »ein kleiner Vogel, welcher Süßigkeiten kackt«. Dadurch erfreut sie sich traditionell größerer Beliebtheit als etwa die fast baugleiche Wespe, die ja nur auf Kuchen herumkriechen kann und überhaupt nichts Nützliches auf die Reihe kriegt. Aber die Bienen kochen auch nur mit Wasser. Man fragt sich, was eigentlich so toll an ihnen sein soll. Wie lange ist es jetzt beispielsweise schon her, daß sie einen Nr.-1-Hit hatten? Und da ist noch mehr faul. Lange galt ihr sprichwörtlicher Orientierungssinn als Wunder, doch weiß man inzwischen, daß schwärmende Bienen Einheimische nach dem Weg fragen, aber auch Stöcke in den Boden stecken und diese so anvisieren, daß eine gedachte Fluchtlinie entsteht, die ihnen die Richtung weist. Manche Kritiker vertreten sogar den Standpunkt, die Bienen erzeugten selbst gar keinen Honig, sondern würden ihn bloß den Imkern stehlen. Sollte sich dies als wahr herausstellen, könnten die einst so stark befürworteten Insekten wirklich einpacken. Was bliebe ihnen dann noch im Vergleich mit den Wespen? Man könnte sie höchstens zum Auffinden von Blumen einsetzen, aber Blumen erkennt der Mensch auch von allein, wenn er welche sieht, und wenn er nichts sehen kann, nimmt er einen Blindenhund.

Einer Diskussion über ihre fällige Abschaffung kommen die Bienen zuvor, indem sie einfach aussterben. Ursachen dafür gibt es einige, vor allem ihre ernährungsbedingte Neigung zum Übergewicht wäre zu nennen. Letzteres führt zu Beinkrankheiten und dazu, daß der Nachwuchs im Korb erdrückt wird, weil die ausgewachsenen Bienen so schwerfällig sind. Ein zusätzliches Risiko für die Vermehrung besteht darin, daß derart verfettete Tiere schon im Alter von zwei Jahren sexuelle Greise sein können. Flugunfähig geworden, suhlen sie sich gern in der Tränke und machen eine Menge Dreck. Andererseits neigen die wenigen, die kein Übergewicht haben, zu gefährlicher Rauflust. Sie gehen bei jeder Gelegenheit mit Stöcken aufeinander los. Dadurch ermüden sie schnell, werden leistungsschwach und verkümmern. Es gibt heute kaum noch intakte Bienen. Vor jedem Ausschwärmen müssen sie vom Imker genau durchgesehen und in den meisten Fällen gründlich überholt werden. Oft genug werden teure Ersatzteile fällig. Nach der (immer häufiger zu Fuß erfolgenden) Rückkehr von ihren Beutezügen sind die total verdreckten Viecher zu nichts mehr zu gebrauchen. Die Zahl der Totalschäden nimmt dramatisch zu, die Rentabilität ab.

Aber kann man sich denn eine Welt ohne Bienen vorstellen? Die Antwort lautet: Ja, sogar erschreckend gut. Eine gründliche Überprüfung kultureller Erzeugnisse, welche die menschliche Welt repräsentieren, ergibt nämlich, daß von 8 300 Werken (Bücher, Musikaufnahmen und Spielfilme) 8 294 die Existenz der Biene ignorieren und eins, ein Privatdruck von 1976, dieselbe sogar ausdrücklich verneint. Fliegen etwa kommen, vor allem in der Literatur und in Filmen, weitaus häufiger vor, und von noch anderen Dingen, wie etwa Automobilen, wimmelt es dort förmlich.

Fazit: Wer noch immer mit dem Gedanken an die Anschaffung einer Biene spielt, sollte sich diesen Schritt gut überlegen.

Abend mit Beleuchtung

»Moment mal«, sage ich, »gerade eben war es doch noch hell.«

Die Psychologin hebt kurz die Augen von ihren Notizen. »Es ist Abend«, erwidert sie ohne jede Emotion. Wahrscheinlich notiert sie dann: ›Zeigt sich erstaunt über das Vergehen der Zeit.‹

Ich spreche mehrmals ungläubig das Wort »Abend« aus, dabei nähere ich mich dem Fenster, um in die Dunkelheit hinauszusehen. Sofort fällt mir etwas auf. »In der Hecke wohnt wieder jemand«, merke ich an.

»Woher wollen Sie das wissen?« fragt die Psychologin.

»Da ist Licht«, sage ich wahrheitsgemäß, denn in der Hecke ist nach langer Zeit wirklich wieder Licht. Nicht sehr hell, aber doch so, daß man dabei lesen könnte.

»Wieviel Watt?« will die Psychologin wissen.

Das ist beileibe keine leichte Frage. Daher frage ich zurück: »Sind mehrere Antworten möglich?«

»Nein.«

Weh mir! 40 Watt? 60 Watt? 25 Watt? Fieberhaft arbeitet mein durch übermäßigen Streß bereits erheblich geschrumpftes und immer weiter schrumpfendes Hirn, kommt aber zu keinem wünschenswerten Ergebnis. Im Gegenteil: Das fieberhafte Arbeiten verzehrt nur noch mehr zerebrale Substanz. Wenn ich so weitermache, werde ich in wenigen Minuten vollkommen schwachsinnig sein! Was tun in so einer Lage? Ich muß sofort aufhören zu grübeln und jemanden anrufen, der mir helfen kann. Aber wer sollte das sein? Wen kenne ich, wen hätte ich je gekannt? Mir fällt nur die Firma ein, bei der ich vor langer Zeit einmal gearbeitet habe. Doch da wird sicher niemand mehr sein, der sich an mich erinnert, außerdem ist es schon Abend. Wegen der hereindrängenden Dunkelheit kann ich obendrein die Buchstaben und Zahlen im Telephonbuch nicht lesen. Man müßte Licht haben, eine Glühbirne zum Leuchten bringen, wie die neuen Bewohner der Hecke es tun. Wahrscheinlich ist es eine 40er Birne. Aber da kann man sich leicht täuschen, besonders auf eine solche Entfernung. Also vielleicht eher 60 Watt? Oder wäre das schon zu hell zum Lesen? Bevor ich zu raten anfange, sage ich lieber gar nichts. Ich nehme an, die Psychologin notiert: ›Kann die Wattzahl nicht angeben.‹ Vielleicht notiert sie aber nichts, denn es ist ja ziemlich dunkel im Zimmer.

»Wissen Sie wenigstens, wer in der Hecke wohnt?« höre ich sie dann fragen.

»Vielleicht«, überlege ich laut, »vielleicht diejenigen, die nachts immer auf dem Dach herumgerannt sind?«

»Falsch.«

Falsch. Was auch sonst? Ich bin es leid. Ich will keine Fragen mehr beantworten. Den lieben langen Tag geht das schon so: »Wer hat den Kindern die Förmchen abgekauft? Was wird morgen installiert? Wie geht das Testament? Wann hat man Püppchen im Gesicht?«

Schluß damit! Ich will an etwas anderes denken. Mich reizt die Vorstellung, jemand ziehe los, um Glühbirnen zu besorgen. Welche unerhörten Abenteuer würde eine solche Person dabei erleben! Einfälle in großer Zahl stürmen ungeordnet auf mich ein. Man müßte das alles festhalten und später ausarbeiten. Es scheint mir in diesem Augenblick möglich, den großen deutschen Glühbirnenroman zu schreiben, was jedoch geeignete Lichtverhältnisse voraussetzt. Daher nehme ich der Psychologin das Schreibzeug weg und laufe hinüber zu den Leuten in der Hecke.

Wieder in der Kultur: *Die Geisterbiege*

Da war die Geisterbiege also wieder in der Kultur! Der große Tag war endlich da. Er zerfiel in fünf Haufen, und fünf Haufen waren, was Lupe und Millibar (vormals Berti und Gerd) gleichzeitig von der Sparkasse erhielten. Lupe und Millibar nannten ihren Laden *Die Geisterbiege*, denn so hatten sie es beschlossen. Bei sternklarem Himmel schauten sie in die Landschaft und schmiedeten Pläne. Währenddessen heulte der Pfarrer um die Häuser, gerecht oder nicht. Und ob es nun paßte oder nicht, der Pfarrer sprach: »Falsches Wasser braucht falsche Erde!« Die Kleidung des Pfarrers: Kniehose, Holzbrettchen, Kleid oder Rock für Mädchen, derbe Schuhe, Beutelhemd, Badehose, Abdeckplane, derber Schlafanzug, derbe Metall-Strümpfe, mindestens drei Paar Trainingskopfbedeckungen. Beim Einfetten der Kleidung war es die Bescheidenheit, die zu dem Ausruf veranlaßte: »Wir nähern uns der richtigen Verwendung!« Und außer der Bescheidenheit waren es das Ergreifende, die ewige Treue, die Armbewegung und die Liebe zur Stadt, die von Lupe und Millibar deutlich hervorgehoben wurden.

Gleichzeitig erkannte die Wissenschaft: »Neben Wohnen und Schlafen spielt Essen in unserem Leben eine nicht ganz unwesentliche Rolle«. Was aber sollte man essen? Das einzig Eßbare im Leben war die Milch. Je nach Landschaft oder Jahreszeit sah sie verschieden aus. Sie verhalf zu frischer Kost, doch mußte sie schnell zubereitet werden. Im Vordergrund stand daher das brauchbare Resultat. Man mußte es ausprobieren, jeder sollte es einmal versuchen. Mit Hilfe des Irrtums! Der Pfarrer legte den Topfboden mit einer Schicht Zeitungen aus, ließ aber in der Mitte etwas Platz für die Milch. »Bald schwimmen wir in Speiseresten«, prognostizierte er unter stetigem Rühren. Lupe und Millibar versuchten währenddessen auch etwas, doch das Ergebnis mußte sofort vergraben werden. »Nun sollte es einmal geschwind gehen«, sprach der Pfarrer. Angestrebt war die Festigkeit. So entstand die knochenharte Milch. War dies aber ein Gottesgeschenk? »Es hat eine zerstörende Wirkung!« riefen Lupe und Millibar. Auf die *Geisterbiege* hatte die Milch sogar eine verwüstende Wirkung.

»Schluß mit dem Essen, weiter mit der *Geisterbiege!*« verlangten daraufhin Lupe und Millibar. Niemandem konnte es schaden, eine Zeitlang ohne Nahrung zu leben, wenn nur Sommer war. So folgte eine Sommernacht in der *Geisterbiege*. Leider ist kein Photo davon erhalten. Die Benutzung von Blitzlicht verbot sich, denn der Boden mit trockenem Gras oder Moos war zu leicht entzündbar. Es hätte schon Sandboden oder eine steinige Unterlage sein müssen. Der Pfarrer war enttäuscht, denn er hätte sich so schön mit dem Feuer unterhalten können, wie er vorbrachte. Doch wollte man auch andere Dinge im Freien unternehmen, als ewig Photos machen.

»Hauptsache, die *Geisterbiege* ist wieder in der Kultur«, fanden alle. Man wickelte den Pfarrer in Decken, nun war es die Hilfsbereitschaft bei nie aufhörender

Geschäftigkeit. Gleichwohl wußten Lupe und Millibar nur zu allzu gut, wie dicht neben dem fröhlichen Spiel die besinnliche Stunde am Abend stand. Beim Erwachen des Drangs half der verlorene Blick.

Paketzustellung

Am Samstagnachmittag hatte eine Nachbarin in der Pfütze vor dem Haus eine an Suse adressierte orangefarbene Abholkarte gefunden und der Empfängerin ausgehändigt. Suse erklärte sich den Sachverhalt folgendermaßen: »Der Paketbote muß total erschöpft gewesen sein, mit allerletzter Kraft hat er gerade noch eine Abholkarte schreiben und in die Pfütze werfen können. Wäre er imstande gewesen, bei mir zu klingeln, hätte ich es gehört, denn ich war die ganze Zeit über zu Hause. Dann hätte ich ihm ein stärkendes Käsebrot oder eine Hühnerbrühe reichen können.«

Weil der Zustellungsvorgang offenbar nicht ganz ordnungsgemäß durchgeführt worden war, stand Suse davon ab, die Tagesreise zum nächsten Postamt zu unternehmen, um unter Vorlage der aufgeweichten Karte das Paket abzuholen, von dem sie sich im übrigen gar nicht vorstellen konnte, was darin sein mochte und wer es ihr zugeschickt hatte. Das Naheliegendste war, bei der Paketausgabe gedachten Postamts anzurufen und um Neuzustellung zu bitten. Im Telephonbuch aber fand sich kein entsprechender Eintrag, nur auf mühsamen Umwegen gelang es Suse, eine sogenannte »Servicestelle« zu erreichen. Dort erfuhr sie, die Nummer der Paketausgabe an ihrem Wohnort dürfe aus Datenschutzgründen nicht preisgegeben werden. Der Mensch, der ihr dies mitteilte, nahm ihre Angaben auf und versprach eine zweite

Zustellung zu genau festgelegter Stunde. Diese jedoch verging dann ebenso wie der ganze Tag, ohne daß etwas geschah. Suse wandte sich erneut an den telephonischen Service. Eine Dame in wieder einer anderen Stadt hörte sich den Fall an und sprach schließlich, fernmündlich könnten keine Zustellungswiederholungen beantragt werden. Suse müsse die Karte ausfüllen und in den nächsten Briefkasten einwerfen. Da lachte Suse hell auf, denn der nächste Briefkasten war seit einiger Zeit der, der außen am Postamt hing. Sie bestand auf Zustellung, worauf die Dame am anderen Ende sagte: »Dann wird das Paket eben an den Absender zurückgeschickt.«

Am Abend rief Suses Freundin Friederike an. »Hast du mein Paket bekommen?« fragte sie.

»Ach, *du* hast mir eins geschickt?« rief Suse und erzählte von ihren Schwierigkeiten. Zuletzt wollte sie wissen: »Was ist denn drin?«

»Mein Mann«, antwortete Friederike. »Bei dir ist er besser aufgehoben.«

»Meinst du?« wunderte sich Suse. »Aber ich hab doch so wenig Platz, und mein Geld reicht auch kaum, ihn zu ernähren.«

»Da kann ich dich beruhigen, der braucht nicht viel. Für gewöhnlich steht er nur vor dem Haus und schlägt hin und wieder leicht mit dem Kopf an die Mauer. Alle paar Tage muß ihm etwas rohes Fleisch hingeworfen werden.«

»Wenn das so ist, dann schick ihn mir doch bitte noch einmal zu.«

Und tatsächlich wurde das Paket am nächsten Sams-

tag vorschriftsmäßig bei Suse abgeliefert. Abends erkundigte sich Friederike: »Ist er angekommen?«
»Ja, vielen Dank.«
»Und? Wie macht er sich?«
Suse sah aus dem Küchenfenster. »Augenblicklich liegt er in der Pfütze vor dem Haus.«
»Na, siehst du.«

Die Entwicklung der Elektronik

Mein Neffe lud mich vor ein paar Monaten ein, die Geburt seines Kindes mit ihm zu feiern. Er bekam ein Kind – und ich sollte dabei sein. Das war das Wildeste! Das konnte ich mir auf keinen Fall entgehen lassen. Auch wenn das Geld alle war, kaufte ich mir eine teure Fahrkarte. NEONREISE VERSIEHT VOLL stand ganz groß über dem Schalter. Weil ich zusätzlich zur Reise nicht auch noch Schläge bekommen wollte, fragte ich vorsichtshalber nicht, was das bedeuten sollte.

Als ich in Klemmestadt ankam, war die Geburt schon vorbei, auch hatte, wie ich schnell herausbekam, nicht mein Neffe persönlich das Kind zur Welt gebracht, sondern eine Frau, die er vorher geheiratet hatte.

»Du bist verheiratet?« fragte ich ihn schockiert.

Mein Neffe ist aus Hessen, daher fiel seine Antwort so aus, wie diese Leute halt reden: »Ja, das Junggesellenleben verklitt nicht mein Bedürfnis genug.«

»Und wie ist das so, verheiratet zu sein?« erkundigte ich mich aufrichtig interessiert. Wenn ich schon einmal jemandem begegnete, der verheiratet war, wollte ich auch möglichst viel darüber erfahren.

Er ruderte mit den Armen und keuchte: »Es ist auf der Franse der Hölle!«

»Auf der Franse der Engel«, korrigierte ich ihn, da ich glaubte, ihn dahingehend korrigieren zu müssen. Er aber beharrte auf »Franse der Hölle«.

Ich begann, auf ihn einzuwirken, und schließlich einigten wir uns auf den Kompromiß »Auf der Franse der Engel der Hölle«. So ließ sich leben, und wir lachten eine Viertelstunde lang.

Seine Frau wollte mein Neffe mir aber lieber nicht vorstellen, da sie, wie er sagte, sehr gefährlich sei, und er meine Unversehrtheit nicht aufs Spiel setzen wollte. Sie habe »ein Aussehen auf dem stämmigen Erscheinen«, warnte er mich. Ich aber wollte mich wenigstens theoretisch weiterbilden. Daher stellte ich ihm Fragen zu diesem Thema.

»Was macht ihr denn so in eurer Ehe? Ich meine, wie kommt ihr miteinander aus? Ihr seid doch völlig verschiedene Menschen!«

Mein Neffe schob die Frisur zuerst in die Stirn, dann in den Nacken. Da ließ er sie und stieß einen Fluch aus: »Heribert von Karajan!« Die Frage setzte ihm zu, kein Zweifel. Schließlich antwortete er aber doch, sich weiter unten kratzend:

»Manchmal gibt es Unstimmigkeit. Wir sind schon oft mit den werfenden Fäusten aneinander gerollt.«

»Gerollt?« fragte ich ungläubig.

Mit einer wegwerfenden Kopfbewegung gab er Auskunft: »Ach, wir rollen herum auf dem Fußboden und geisteskrank im allgemeinen.«

Der hessische Sprachduktus machte die Verständigung immer schwerer, aber ich begriff viel von der rauhen Grausamkeit des Ehelebens. Wenn das nun so war – was gab es dann für mich an diesem Ort überhaupt zu feiern? Es verklitt nicht meine Erwartung genug, wie die Hessen sagen.

Da wurde ich auf Rauchzeichen am Himmel aufmerksam. Meine Arbeitskollegen daheim hatten die Hängeregistratur angezündet, und aus dem aufsteigenden Qualm las ich, daß ich zurückkommen sollte. Grund: Die Geschäftsleitung verlangte von uns, wir sollten die Elektronik entwickeln. Das war viel verlangt! Wir schafften es zwar jederzeit, sämtliches Kantinenporzellan über das Geländer der neunten Etage in den Abgrund des Treppenhauses zu werfen, doch die Elektronik entwickeln konnten wir nicht. Mein Neffe rief noch: »Onkel, bleib da«, aber von ihm war ich so enttäuscht, daß ich lieber in mein Unglück fuhr.

Der persönliche Gemüse-Check

Auf dem Heimweg vom Wochenmarkt fiel mir ein, daß ich vergessen hatte, Zwiebeln zu kaufen. Glücklicherweise mußte ich nicht mit den schweren Taschen kehrtmachen, denn auf meinem Weg kam ich noch bei einem Obst- und Gemüseladen vorbei, wo ich das Versäumte nachholen konnte. Üblicherweise betrete ich diesen Laden nie, weil dort die Preise überhöht sind und das Personal miserable Manieren hat. Diesmal jedoch mußte ich eine Ausnahme machen. Es ging ja nur um ein paar Zwiebeln, das würde ich schon überstehen.

»Nur Zwiebeln?« fragte der Inhaber vorwurfsvoll. »Wollen Sie nicht noch was?«

»Sie sind doch Schriftsteller, nicht?« mischte sich seine Frau ein.

Unangenehm berührt, murmelte ich etwas Ausweichend-Zustimmendes.

»Ich erzähl Ihnen mal mein Leben«, keifte sie, »wenn Sie daraus ein Buch machen, können Sie sich mehr kaufen als nur Zwiebeln, Sie arme Sau!«

Man möge mich verachten, und ich verachtete mich selbst dafür, daß ich nicht ohne Ware hinaus und zum Wochenmarkt zurück ging.

Mehr als einen Monat später erhielt ich einen Brief, dessen Absender zu meiner maßlosen Überraschung jener unselige Lebensmittelhändler war. Nicht, wie er meine Adresse herausbekommen haben mochte, fragte ich mich (da wundert einen inzwischen ja wirklich nichts mehr), sondern was er mir wohl schriftlich mitzuteilen habe. Waren das etwa die Memoiren seiner Frau? Der Umschlag enthielt zwei bedruckte DIN-A-4-Blätter. Auf dem ersten stand unter der Überschrift ›Ihre Erfahrungen mit dem persönlichen Gemüse-Check‹:

»Vor ein paar Wochen haben Sie in unserer Niederlassung Ihren persönlichen Gemüse-Check durchführen lassen. Im Zusammenhang damit liegen uns einige Fragen am Herzen: Wie zufrieden sind Sie mit Ihrem persönlichen Gemüse-Check? Und wie haben Sie das Gespräch empfunden, insbesondere auch im Vergleich zu früheren Beratungsgesprächen? Besser als Sie kann uns niemand sagen, inwieweit wir die Wünsche und Erwartungen unserer Kunden erfüllen! Deshalb bitten wir Sie, sich ein paar Minuten Zeit zu nehmen und den beiliegenden Fragebogen auszufüllen. Ihre Antworten helfen uns, unsere Leistungen und Angebote Ihren Vorstellungen entsprechend zu gestalten. Bitte senden sie den fertigen Fragebogen in den nächsten Tagen an uns zurück. Sie können ihn auch in unserer Niederlassung abgeben.«

Es folgte noch Dank für meine Unterstützung und die übliche Grußformel. Das zweite Blatt war der angekündigte Fragebogen. Als erstes wollte man wissen: »Wie hat Ihnen das Gemüse-Check-Gespräch ganz allgemein gefallen?« Darauf sollte ich mit einer Note zwischen 1 bis 6 antworten. Ebenso verhielt es sich mit Punkt zwei: »Wie beurteilen Sie die Fachkompetenz der Beraterin / des Beraters?« Die dritte Frage lautete: »Inwieweit sind beim Gemüse-Check

Ihre heutige persönliche Situation und Ihre Ziele und Wünsche (auch sexuelle) für die Zukunft berücksichtigt worden?« Zuletzt ging es dann um Details: »Wenn Sie noch einmal an das Gespräch insgesamt denken: Was hat Ihnen besonders gut gefallen?« Für meine Antwort hatte man mir drei Zeilen eingeräumt, dann folgte die letzte Frage: »Und was nicht so gut?« Hier stand lediglich eine einzige Zeile zur Verfügung.

Der Hahn verreist

Am Bahnhof Zoo warteten ein Schwein und ein Hahn im Nichtraucherbereich auf den Zug. Die Zeit wurde ihnen lang, und das leutselige Schwein begann eine Unterhaltung.

»Sie wollen also verreisen?« fragte es den Hahn.

»Ja«, erwiderte dieser ganz zutraulich, »ich muß unbedingt mal raus. Zu Hause ist alles voller Hühner.«

»So, so«, sagte das Schwein auf wenig mitfühlende Weise und erkundigte sich daraufhin: »Wo soll's denn hingehen?«

Der Hahn, gewohnt, knappe Auskünfte zu geben, sagte: »In die Stadt.«

Damit war das neugierige Schwein indessen nicht zufrieden: »Das ist eine sehr ungenaue Auskunft. Die Stadt ist groß. Sie müssen doch ein bestimmtes Ziel haben.«

»Sie wollen es aber genau wissen«, sagte der Hahn. »Na gut: Zum Kaufhof will ich.«

Das Schwein zündete sich eine Zigarette an, obwohl man sich keineswegs im Raucherbereich befand.

»Zum Kaufhof«, wiederholte es, »ja, das ist schon präziser.«

Danach schwiegen sie ein Weilchen. Ein ICE fuhr donnernd durch, daß dem Hahn fast das Gefieder aus dem Leim ging. Die Zigarette des Schweins verlosch mit einem Klagelaut. Als sich alles wieder beruhigt hatte und auch die Federn des Hahns wieder sortiert waren, entzündete das Schwein eine neue Zigarette und sog kräftig daran.

»Gibt's was Besonderes im Kaufhof?« fragte es, indem es den inhalierten Rauch wieder ausstieß.

»Ja«, antwortete der Hahn, »da zeigen sie einen Film über Hühner.«

Dem Schwein fiel vor Staunen die Zigarette aus dem Gesicht.

»Über Hühner?« fragte es um einiges lauter und dringlicher als bisher.

»Ja, über Hühner«, bestätigte der Hahn.

Ungläubig bohrte das Schwein weiter: »Wollen Sie sich den ansehen, diesen Film über Hühner?«

Mit der größten Selbstverständlichkeit von der Welt erwiderte der Hahn: »Ja, das habe ich vor. Deshalb will ich ja in die Stadt.«

»Aber«, wunderte sich das Schwein, »ich denke, Sie müssen unbedingt mal raus, weil bei Ihnen zu Hause alles voller Hühner ist?«

»Ja, genau«, gab der Hahn zu, »genau so ist es. Da haben Sie ganz recht.«

Nun wunderte sich das Schwein noch viel mehr: »Und dann wollen Sie in die Stadt, um sich im Kaufhof einen Film über Hühner anzusehen?«

»Jawohl«, bestätigte der Hahn.

Das Schwein konnte nicht länger an sich halten: »Aber in dem Film ist dann doch auch wieder alles voller Hühner!« rief es fassungslos.

Der Hahn machte große Augen, er schien aufrichtig überrascht.

»So hab ich das noch gar nicht gesehen«, erwiderte

er verunsichert. Kopfschüttelnd und sich an die Stirn schlagend, rief, ja schrie das Schwein: »Da können Sie doch gleich zu Hause bleiben, Mann!«

Der Hahn erschrak.

»Zu Hause ist alles voller Hühner, da kann ich nicht bleiben!« krähte er mit gesträubtem Kamm. Abermals geriet sein Federkleid in Unordnung. Offensichtlich wußte er nun nicht mehr weiter.

»Schön, ich kann ja verstehen, daß Sie da mal rausmüssen«, räumte das Schwein ein, »aber ich begreif einfach nicht, wieso Sie sich dann in der Stadt ausgerechnet einen Film über Hühner ansehen wollen!«

Resigniert seufzte der Hahn: »Hühner sind mein Schicksal.«

Eine interessante Betriebsbesichtigung

Ich bin mit Herrn Branz verabredet, um mir seinen Fischreparaturbetrieb anzusehen. Eine halbe Stunde warte ich auf ihn, bis ich begreife, daß er schon längst da ist. Irrtümlich habe ich gedacht, da stünde eine Restmülltonne mit Klingelknöpfen, und mich schon gewundert, wieso die so freundlich grüßt. Herr Branz ist Inhaber einer mittelständischen Fischreparaturstelle ohne Kassenzulassung. Die Berufspraxis verlangt, daß er Fische und Fischartige ab vier Zentimeter sofort erkennt, wenn er welche sieht. Und ob sie intakt sind oder nicht.

»Außerdem muß ich aufpassen, daß genug Steuer abgeführt wird«, fügt er hinzu. »Von uns reparierte Fische und Fischartige dürfen eine Gesamtkörperlänge von zweiundvierzig Metern nicht überschreiten. Sonst reparieren wir aber alle, also sämtliche Modelle. Auch Fische mit Druckschaltern und Wasserspülung.«

Ich möchte nun zu gern wissen, was das peinlichste Erlebnis in seinem Leben war, doch Herr Branz sagt nur, da müsse ich seine Frau fragen. Die sei aber gerade Fische kaputtmachen gegangen. Das ist das Stichwort für meine nächste Frage: Welche sind die häufigsten Schäden an Fischen, die ihm zur Reparatur gebracht werden?

Seine Auskunft ist eindeutig: »Die meisten sind überfischt.«

»Das ist, wenn es zu viele Fische gibt, nicht wahr?«

vermute ich laienhaft, muß mich aber belehren lassen:

»Nein, das ist so übertrieben fischartig, das Benehmen, die ganze Körperhaltung, so aufgeplustert irgendwie, geradezu größenwahnsinnig.«

Auf mein Drängen hin verrät er mir, daß das nicht gut für die Fische ist, da die sich dann total vergessen, sich und ihre Schuldigkeit Gott und den Menschen gegenüber.

»Und zerplatzen können sie auch, wenn gerade keiner guckt«, sagt Herr Branz sehr ernst. »Manchmal sogar, wenn's gerade am schönsten ist.«

Wie kommt so etwas?

»Das kommt von allein«, sagt Herr Branz ganz gelassen.

Als ich ihn frage, was er in solchen Fällen tue, führt er mich in die Reparaturwerkstatt, um es mir am lebenden Objekt zu demonstrieren.

»Wir knallen Eckspanner und Krampen rein. Drauf rumtrampeln ist weniger gut. Da existieren Studien drüber.«

Als Theoretiker interessiert mich, ob es keine Möglichkeiten zur Prävention gibt, damit diese Überfischtheitsphänomene gar nicht erst aufkommen.

»Früher ja,« antwortet Herr Branz verbittert, »heute nicht mehr. Von der Regierung abgeschafft. Und von der EG. Die in Brüssel wollen ja letztlich den Fisch als solchen abschaffen. Das wäre dann auch das Ende der Fischreparaturstellen.«

Um von diesem unerfreulichen Thema abzulenken, frage ich ihn nach seinen Hobbys. Nach Feierabend baue er einfache Dinge aus Vierkanthölzern, sagt er, manchmal gebe er sich auch mit Fischbasteleien ab. Zum Beweis zeigt er mir ein längliches Etwas mit Fischstäbchen und Klingelknöpfen. Daß er selbst auch schon einmal ein Fisch gewesen ist, in einem früheren Leben zum Beispiel, glaubt Herr Branz aber eigentlich nicht. Gut. Ich verabschiede mich. Heute habe ich eine Menge über Fische gelernt.

Gedanken über den Antrieb

Der Bus blieb ganz plötzlich stehen, an einer beliebigen Stelle zwischen zwei Haltestellen, ohne ersichtlichen Grund. Es konnte nur ein technischer Defekt vorliegen, dergleichen war ja nichts Unbekanntes. Man hörte den Fahrer schimpfen und lamentieren wie jemanden, der gezwungen ist, unwiederbringliche Lebenszeit mit dem Sortieren seiner Belege für die Einkommenssteuer zuzubringen. Immer wütender machte er sich an diversen Schaltern, Knöpfen und Hebeln im Führerstand zu schaffen, vermochte aber nicht, den Bus wieder in Gang zu bringen. Schließlich betätigte er den hydraulischen Öffnungsmechanismus der vorderen Tür, verließ fluchend seinen Platz hinter dem Steuer und stieg aus. Angeborenem Herdentrieb gehorchend, folgten ihm die zahlreichen Fahrgäste spontan nach draußen. Auf dem Bürgersteig liefen sie dicht zusammengedrängt hinter ihm her, während er mit großen Schritten das hintere Ende des Fahrzeugs anstrebte. Einige äußerten Besorgnis: »Werden wir rechtzeitig heimkommen? Rechtzeitig zur neusten Folge von *Heidi und der Heiland*?«

Dies hörend, verständigte der Busfahrer vorsorglich durch lautes Rufen die Zentrale, damit ein batteriegetriebenes Fernsehgerät gebracht werde. Man atmete auf, eine große Last war den Menschen genommen. Wie allgemein erkannt wurde, mußte die Lage, in der man sich befand, durchaus nicht als hoffnungslos bezeichnet werden. Ganz in der Nähe gab es eine Tankstelle, wo zur Not Lebensmittel erworben werden konnten. Kannibalismus unter den ausgehungerten Passagieren war daher kaum zu befürchten. So beruhigte man sich vollständig. Man fühlte keine ängstliche Abhängigkeit vom Fahrer mehr wie noch vor einigen Augenblicken, wollte aber doch wissen, wo er inzwischen geblieben war und was er jetzt tat, nachdem er am Heck des menschenleeren Verkehrsmittels um die Ecke gebogen war.

Wie sich zeigte, machte er sich an der blechernen Rückfront zu schaffen. Etwas wie eine vertikale Motorhaube wurde geöffnet.

»Er klappt den Bus hinten auf«, berichtete eine Frau aus der ersten Reihe den weiter entfernt Stehenden.

»Mal nach dem Motor sehen«, kommentierte der Fahrer sein Tun. Dann verstummte er. Eine Zeitlang schaute er ratlos in die entstandene, nicht besonders tiefe Öffnung hinein.

Weil sie nichts von ihm hörten, kamen die Fahrgäste voller Neugier ganz nah heran und rissen die Augen auf. Nun konnten alle genau sehen, daß der Motor nur gemalt war. Gewiß hätte in diesem Moment jeder der Umstehenden Verständnis dafür gehabt, wenn jemand in Schreie wilden Erstaunens ausgebrochen wäre, doch geschah dies nicht. Absolutes Schweigen herrschte statt dessen. Was in den Köpfen der Menschen vorging, ließ sich nicht mit Bestimmtheit sagen. Vielleicht würdigten zumindest einige von ihnen die hier zur Schau gestellte handwerkliche Leistung, wenn auch von einer solchen eigentlich gar keine Rede sein konnte, und erst recht nicht von Illusionsmalerei. Im Grunde hatte man es bloß mit einem unverschämt plumpen, ja rohen Geschmier zu tun, das einem richtigen Motor wenig ähnlich sah.

Endlich schüttelte der Fahrer den Kopf und sprach: »Ein Wunder, daß wir überhaupt bis hierher gekommen sind.«

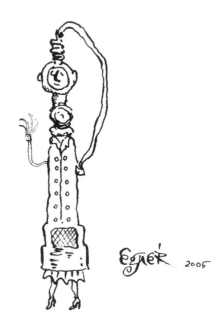

Verwandtschaftsbesuch

Viel lieber würde ich über etwas anderes schreiben oder Kreuzabnahmen malen. Ich gestehe, daß ich mich in den letzten Tagen noch ganz anderen Dingen hingegeben habe. Aber hier geht es nun einmal um den Verwandtschaftsbesuch. Es begann damit, daß wir den folgenden Brief von unserer Verwandtschaft erhielten:

Ihr Lieben,
wir kommen am Freitagnachmittag und bleiben bis Sonntagabend. In der Zwischenzeit fressen wir alles zusammen und kacken in die Schubladen. Wir wünschen uns fröhliche Mienen und möchten alle Filme mit dem Killerkrokodil sehen. Auf die Schnauze brauchen wir aus unserer Sicht nichts. In der Hoffnung, daß Ihr wißt, was Ihr uns schuldig seid: Eure Verwandten.

Wir sahen uns gezwungen, augenblicklich zu fliehen. Bei »Fliehen« denkt man automatisch an »Osten«, daher flohen wir nach Osten, hauptsächlich wegen der dort bekanntlich herrschenden Dunkelheit. Es war so dunkel, daß uns unsere Verwandten nie hätten aufspüren dürfen. Kurz vor dem Nachmittagstee tauchten sie dann aber doch am Horizont auf. Es mußte eine undichte Stelle in der Dunkelheit gegeben haben. Im Blindflug hasteten wir weiter, bis wir etwas erreichten, das sich wie das Erzgebirge anfühlte. Kurz darauf aber hörten wir die Stimmen unserer Verwandten wenige Werst hinter uns, also war unseres Bleibens im Erzgebirge nicht länger. Wir maskierten uns als Schlafwandler, die nachts im Schlafanzug unterwegs zu ihren Elternhäusern waren und flohen durch das tief verschneite Transsylvanien, täglich weiter und weiter. Um die Verwandtschaft von unserer Spur abzulenken, veränderten wir unsere Schlafanzüge so, daß nichts an ihnen mehr auf uns hinwies. Jede freie Minute nutzen wir intensiv zur Entwicklung eines Verwandtschaftsfrühwarnsystems. Am meisten Schwierigkeiten bereitete uns das Verfassen einer brauchbaren Bedienungsanleitung zum eigenen Gebrauch.

Weiter ging's zum Balkan, wo gerade Silvester war. Die Silvestergebräuche auf dem Balkan waren höchst staunenswert, Tischfeuerwerk zum Beispiel bestand im Verbrennen von Tischen. Manche Leute platzen auch einfach, und die übriggebliebenen machten Gipsabdrücke von den Knallgeräuschen. Die Allerärmsten ohrfeigten stundenlang ihre Kinder (wer nicht einmal Kinder hatte, klatschte in die Hände). Das war kein Land für uns. Ziel unserer Flucht war die Innere Mongolei, in eine solche Gegend würden sich unsere Verwandten wohl nicht trauen. Und das haben sie bis zum heutigen Tag tatsächlich nicht.

Als wir hier ankamen, fanden wir, daß alles aussah wie in Herne. Inzwischen sieht es mehr aus wie in Bottrop. Wir haben uns gut eingelebt, und die Schönheit der mongolischen Klopfzeichen (welcher bereits Buffalo Bill seligen Angedenkens erlegen ist) tut ein übriges. Heute betreiben wir ein staatlich subventioniertes Entweichestudio nahe der Innenstadt, von etwas muß man ja schließlich leben, und auf diese Weise sind wir hundertprozentig sicher vor der Verwandtschaft. In meiner Freizeit widme ich mich vornehmlich meiner Sammlung alter *Mäppchen & Krokodil*-Comics, aus welchen ich zum Schluß den folgenden Reim zitieren möchte: »Gerät der Erdball auch ins Wanken, wir bleiben doch die alten!«

Das bessere Leben

Wenn Welterstein behauptet hätte, er sei mit seinem Leben unzufrieden, wäre das ein unverschämter Euphemismus gewesen. Seine Frau hielt ihn für einen Idioten, da er Blödsinn redete, sobald er den Mund auftat, und ausnahmslos alles ruinierte, womit er in Berührung kam. Sagte oder tat er in ihrer Gegenwart etwas, riß er sogleich reflexartig die Unterarme hoch, um seinen Kopf zu schützen.

Welterstein war arbeitslos. Nach seinen Worten hatte die Firma wegen konjunkturbedingter Schwierigkeiten Konkurs gemacht, seine Frau hingegen behauptete, man habe ihn wegen Unfähigkeit hinausgeworfen. Darüber mochte er sich nicht mit ihr streiten, denn sie verdiente den gemeinsamen Lebensunterhalt als Catcherin. Berufsbedingt war sie viel unterwegs. Wenn sie sich einmal zu Hause aufhielt, verprügelte sie ihn, weil er als Idiot in Haushaltsdingen sehr nachlässig war. Davon abgesehen, hatten sie keinen körperlichen Kontakt. Weltersteins Selbsterhaltungstrieb hielt ihn davon ab, seinen ehelichen Pflichten nachzukommen; neigungsgemäß betrachtete er den Geschlechtsverkehr nicht als Kampfsportart. Die Abende in Gesellschaft seiner ausschließlich mit Muskeltraining, Essen und Biertrinken beschäftigten Frau wurden ihm lang, am schlimmsten waren die Wochenenden. Oft pflegte er am Fenster zu stehen und sehnsüchtig hinauszuschauen. Er beneidete die Friseusen von gegenüber, wenn sie abends und vor allem am frühen Samstagnachmittag das Haarstudio verließen, um heimzufahren, wo sie gewiß ein Leben hatten. Mit den Jahren beneidete er die Friseusen immer mehr, fast wünschte er sich, selbst eine von ihnen zu sein. Hätte seine Frau etwas von seinen Empfindungen geahnt, wäre ihm das schlecht bekommen.

Welterstein schlief im Gästezimmer, weil er Angst hatte, von seiner Frau versehentlich im Schlaf überrollt oder erschlagen zu werden. Eines Nachts erwachte er und bemerkte ein Licht, das unter seinem Bett hervorschien.

›Licht unter meinem Bett?‹ dachte er. ›Das ist jetzt wohl das Allerneuste!‹

Als er sich hinunterbeugte und nachsah, entdeckte er dort eine Öffnung im Fußboden, groß genug für einen ausgewachsenen Menschen. Neugierig kroch er unters Bett, um in die Öffnung zu schauen. Eine hölzerne Treppe führte abwärts. Welterstein verfügte sich in das Loch und begann den Abstieg. Von unten war Musik zu hören. Je weiter er in die Tiefe vordrang, desto klarer erkannte er, daß es sich um eine Geige und ein Klavier handelte. Erstere schien etwas mutwillig gespielt zu werden, letzteres klang unsicher, setzte immer wieder aus. Schließlich erreichte Welterstein einen altertümlichen, salonartigen Raum, in dem sich wirklich und wahrhaftig drei Frauen mit ihren Instrumenten zur Hausmusik versammelt hatten. Sein Kopf fühlte sich an, als hätte seine Frau wieder einen Eßtisch daran zertrümmert, so unfaßbar war die Tatsache, daß diese drei Frauen niemand anders waren als die Friseusen aus dem Haarstudio auf der anderen Straßenseite! Sie bemerkten ihn nicht, die Hausmusik, beziehungsweise das, was davon übrig war, lastete sie restlos aus. Am Boden lagen dicke schwarze Bücher, manche an irgendwelchen Stellen aufgeschlagen. Die Chefin kroch beim Geigen in ihren Stehkragen und trat unkontrolliert nach den Büchern. Ihre Angestellte warf ihr vom Fortepiano aus über den Rand ihres Jabots hinweg prüfende Blicke zu. Die Auszubildende, die dem Anschein nach als Sängerin fungiert hatte, preßte eine Hand auf ihren Bauch und suchte mit der anderen Halt am Klavier. Sie bekam kaum noch die Augen auf, der Gesang war ihr längst vergangen. Noten und Text der Singstimme waren wild in ihre aufgetürmte Frisur eingeflochten. Die Angestellte am Klavier konnte nicht weiterspielen. Ihre Hände ruhten erschöpft im Schoß, ihr Haar strebte über dem Hinterhaupt in zylinderförmiger Wicklung aufwärts. Den Kopf hielt sie wie nach einem Schlag ins Genick. Dies tat auch Welterstein, er stand und gaffte. So verbrachten die beneideten Friseusen ihre Freizeit! Und am nächsten Morgen mußten sie wieder arbeiten! Das war also ihr Leben, von dem Welterstein angenommen hatte, es sei so viel besser als seines? Am Ende waren sie so frustriert wie er selbst? Wie gefährlich mußten sie dann sein! Er bekam Angst, sie könnten, wenn sie ihn sahen, schlagartig munter werden und sich auf ihn stürzen. Von ihrer seelischen Befindlichkeit zu kompensatorischem Wüten getrieben, würden sie alberne Haarschnitte an ihm ausprobieren, ihn betrunken machen, sexuell mißbrauchen und in unterirdische Geheimgänge verschleppen, aus denen er unter dramatischen Umständen fliehen mußte, so daß man seine Überreste erst nach Jahren zufällig im Tunnel einer stillgelegten Bahnstrecke fände.

Bevor es dazu kommen konnte, stahl er sich lautlos davon und stieg wieder hinauf.

Gespenster in sturmheller Nacht

Wenn der aus dem Teppich herauswachsende Mann etwas nicht leiden konnte, dann war es Staub. Sobald er dem Teppich vollends entwachsen und in der Lage war, sich frei zu bewegen, stellte er fest, daß überall in der Wohnung Staub lag. Vor lauter Staub erkannte er das Telephon nicht wieder, wenngleich sich auch die Frage erhob, ob er es je zuvor gesehen haben konnte, aus dem Teppich herausgewachsen, wie er war. Verunsichert rettete sich der Mann in die folgende Argumentation: »Natürlich *(sic!)* erkenne ich mein Telephon nicht. Es hat ja auch kein Geschlechtsorgan.« Überflüssig zu erwähnen, wie sehr dieser Gedankengang jeglicher Logik entbehrte, doch niemand widersprach, das Telephon blieb stumm. Wie gesagt, konnte der Mann Staub überhaupt nicht leiden. Er faßte es einfach nicht, daß in Amerika sogar Radios daraus hergestellt wurden. Mit diesen Empfindungen füllte er den stillen Innenraum.

Draußen aber stürmte es. Nicht nur der Staub wurde fortgeweht, sondern ebenfalls die schwarze Materie, die bei Nacht Dunkelheit verbreitet. Deshalb hätte man schwören können, es sei Nachmittag und nicht, wie die Uhr behauptete, Mitternacht. Der staubhassende Mann sah zum Fenster hinaus. Im Nachbargarten fielen ihm runde, ballgroße Lampen auf, die schwach leuchteten. Ihn wunderte, daß sie sich hin und her bewegten, bis er begriff: »Es sind die Köpfe der Nachbarskinder! Wie gespenstisch!«

Gespenstisch war auch die Stimme, die er dann hinter sich vernahm: »Wann bekomme ich endlich den versprochenen Staubsauger?«

Er fuhr herum. In einer dank fehlender Luftbewegung dunklen Ecke des sehr staubigen Zimmers saß eine Person, von der der Mann sofort wußte, daß sie sein Vater war, der gleichfalls aus dem Teppich herausgewachsen sein mußte.

»Wann bekomme ich endlich den versprochenen Staubsauger?« wiederholte die schwer erkennbare, greisenhafte Gestalt.

Der Mann erinnerte sich: Seit Jahren brachte er sich fast um, indem er Geld zusammensparte, um seinem Vater einen neuen Staubsauger kaufen zu können. Er fühlte, daß es jetzt so weit war. Der neue Staubsauger stand schon in der Diele, bereit, verschenkt zu werden. Die jahrelangen, unaussprechlichen Entbehrungen hatten sich gelohnt. Ein feierlicher Moment! Und höchste Zeit zudem, denn der Vater wurde ungeduldig.

»Er war sehr teuer«, sagte der Mann, als er seinem Vater das wertvolle Präsent überreichte.

»Na und?« lautete die Antwort. »Du erbst ihn doch mal.«

Dem Mann, der gar nicht mehr wußte, daß er vor kurzem erst aus dem Teppich herausgewachsen war, fiel mit einemmal auf, wie unangenehm der Staubsauger roch. Dafür hatte er sich nun fast umgebracht! Vor Enttäuschung und Wut wollte er ihn schon zertreten, konnte sich aber im letzten Moment noch beherrschen. Es war, wie seine Vernunft ihm eingab, schließlich ein Geschenk für seinen Vater, und der nahm an dieser Widrigkeit allem Anschein nach nicht den geringsten Anstoß, ja, eventuell mochte er den Geruch sogar. Deshalb beschloß der Mann, nicht kleinlich zu sein und sich statt dessen lieber mit seinem Vater zu freuen. Das erste, was dieser dann mit dem neuen Gerät tat, war, nach dem Abwasch das Spülwasser aufzusaugen.

Traumhochzeit

»Ah, jetzt beginnt die Übertragung aus dem Standesamt«, sagt der Kommentator. Ich, der Bräutigam, kann aber leider nicht erkennen, wen ich da heirate, weil bei der Fernsehübertragung der Trauungszeremonie allen Anwesenden die Köpfe fehlen. Der Kommentator verrät den beiden Damen, die mit ihm in der heizbaren Kommentatorenkabine sitzen, weshalb das so ist: »Kameramann ist das Kind der Trauzeugen.« Der Standesbeamte erklärt mir meine Braut. Ihre Anwendung und Aufstellung in der ehelichen Wohnung könne wahlweise waagerecht oder senkrecht erfolgen, sagt er. Der Kommentator versorgt die Zuschauer (wir haben einige Stofftiere in eine Kiste gesetzt) mit wichtigen Informationen über meine Vergangenheit und einem Bericht über den Polterabend: »Die nur dem engsten Familienkreis vorbehaltene Feier findet im Keller der Brauteltern statt.« Auf dem Monitor sehe ich in einer Aufzeichnung, wie eine hoffnungslose Bande von Verdammten an einem Tapeziertisch beisammenhockt. Das, was da neben den Käsehappen auf den Tod wartet, bin ich! »Ausmachen! Ausmachen!« schreie ich. Ungerührt sagt der Kommentator. »Die Braut hatte sich aus Verzweiflung über ihr Schicksal so besoffen, daß …« – »Da!« schreit die andere der beiden Damen. »Jetzt wird was anderes gesendet!« In einer schwindelerregenden Draufsicht wird das Stadtzentrum gezeigt, wodurch es so fremd aussieht, daß seine eigene Mutter es nicht wiedererkennt. Stadtzentrum: »Aber, Mami! Ich bin's doch, dein Kind!« Mutter des Stadtzentrums: »Niemals! Mein Kind sieht ganz anders aus!« (Für diesen Dialog erhalten Mutter und Kind die Goldene Kamera.) Dann folgt ein rabiater Schnitt auf die Zuschauer. Kostümierte, alkoholisierte Stofftiere aus der Kiste versuchen, die Absperrungen zu durchbrechen, werden aber von berittenen Ordnungshütern zurückgeknüppelt. Die Dame rechts neben dem Kommentator, laut Einblendung heißt sie wie der Vater des Stadtzentrums, wirft ein: »Der Bräutigam soll ja früher bereits eine Frau gekannt haben.« Der Kommentator weiß natürlich sofort alle Details: »Eine Engländerin namens Gertrud, benannt nach meiner Mutter ...« – »Verzeihung«, korrigiert ihn die Dame zur Rechten, »nicht die Engländerin, sondern die Insel, auf der das Brautpaar seine Flitterwochen verbringen soll, ist nach Ihrer Mutter benannt! Übrigens habe ich Ihre Mutter noch gekannt.« – »Wer kannte sie nicht?« erwidert der Kommentator darauf. »Schließlich war sie weit und breit die einzige Frau mit Vollbart! Aber wir wollen doch einmal sehen, ob noch während unserer Live-Übertragung die Ehe vollzogen wird. Sehen Sie, jetzt setzt die Braut ihren Namen unter den Ehevertrag.« Dabei rutscht ihr, wie ich sehe, der Rock in den Nacken. Die Stofftiere aus der Kiste werden unruhig. Man kann gerade noch sehen, wie wir zu unseren Flitterwochen auf Gertrud aufbrechen, dann stürmen die Stofftiere das Stadtzentrum. Die Mutter des Stadtzentrums lacht furchtbar über die Fernsehkamera, die dabei umfällt. Oder ist es vielmehr die Mutter vom Kommentator? Wegen ihrer Bärte sind sie so schwer von einander zu unterscheiden. Der Kommentator (jetzt auch mit Bart) nutzt den Tumult dazu, mit meiner Braut durchzubrennen.

Belastet

Zu jener Zeit konnte ich keine weiteren Belastungen gebrauchen, denn ich war schon völlig überlastet. Also ging es damit weiter, daß ich einen Arzt aufsuchte. Er sollte mir etwas verschreiben, das mich entlastete.

Vorsichtig begann ich, dem Arzt von meiner Überlastung zu erzählen, doch er unterbrach mich roh: »Sind Sie bald fertig? Darf ich vielleicht auch mal was sagen? Also, Ihnen glaub ich nicht, daß Sie überlastet sind! Ich, ich bin überlastet! Was kann Ihnen schon fehlen? Ihr Hals gefällt mir übrigens gar nicht, ich glaube, der Kehlkopf muß raus.«

»Nehmen Sie Ihre Hand aus meinem Mund! Diese Mehrbelastung ertrage ich nicht!« gurgelte ich.

»Ach was«, sagte er, »Sie und Belastung! Was tun Sie denn den ganzen Tag lang? Zu Hause sitzen, Schumann-Lieder hören, Schnaps trinken und flennen ... Eine Frau sollten Sie sich suchen. Mehrmals täglich Geschlechtsverkehr, da kämen Sie auf andere Gedanken! Was hat sich unsereins in der Jugend schinden müssen! Mit Ihrem linken Bein sollten wir auch was machen, die Krampfader muß raus.«

Wir unterhielten uns noch eine Weile, und ich erfuhr beiläufig, daß auch mein Brustbein raus mußte. Zum Schluß erklärte er, was mir noch mehr fehle als regelmäßiger Geschlechtsverkehr, sei geregelte Arbeit. Er überwies mich ans Arbeitsamt. Direkt sympathisch war mir dieser Arzt eigentlich nicht.

Der zuständige Stellenvermittler des Arbeitsamtes schickte mich zu einer Firma, die einen tüchtigen Mitarbeiter suchte. Ich meldete mich bei der Chefin, einer dicken, ordinären Person. »Sind Sie denn auch belastbar?« fragte sie, und schon steckte sie mir die Hand in den Mund: »Ich bin ja kein Arzt, aber ich glaube, Ihre Zunge muß raus.«

Die Firma bestand eigentlich nur aus einem hölzernen Treppenhaus, das ich von oben bis unten reinigen mußte. Handfeger und Schaufel wurden vom Staat gestellt. Noch hatte die Inhaberin nicht entschieden, was für eine Firma es sein sollte, die sie da betrieb. Wenn ich mit dem Treppenhausreinigen fertig war, führte sie mich herum und sprach mir von blendenden Zukunftsaussichten und Aufstiegsmöglichkeiten. Einmal zeichnete sie mit Kreide ein unregelmäßiges Vieleck auf den Asphalt: »Hier könnte die Insektenvertilgungsmittel-Produktionsabteilung hin!«

Im Innenhof des Treppenhauses war seit Menschengedenken eine ganz kleine Maschine, eine Art Kindernähmaschine, am Betonboden befestigt. Halb im Scherz schlug ich vor, sie loszuschrauben, um vielleicht eine neue Ära einzuleiten. Die Chefin hörte sich meinen Vorschlag sehr ernst an. »Eine neue Ära, das wäre etwas«, sprach sie. Ich bekam die Maschine dann aber nicht los, verfehlte eine Stufe, trat auf die Schaufel und verheddderte mich im Handfeger – ich stürzte. Dabei riß ich das ganze Treppenhaus, also praktisch die ganze Firma, um. Alles zerbarst und zerschellte, auch die Chefin. Es ging mich eigentlich nichts an, aber so etwas belastet einen ja doch.

Das Fenster zur Welt

Fenster und Wände stellen einen gewissen Gegensatz dar. Im Wohnungsbau kommt man jedoch ohne ein sinnvoll aufeinander abgestimmtes Miteinander dieser beiden nicht aus. Eine Behausung, die nur aus Wänden besteht, ist nicht wirklich wohnlich. Ebenso wenig überzeugt das extreme Gegenteil. Was der wohnende Mensch verlangt, ist ein Mittelding. Dabei ist aber nicht zu übersehen, daß der Qualität der Fenster wesentlich mehr abverlangt wird als der der Wände. Während diese möglichst undurchsichtig und schalldicht sein sollen, was ihrer Natur tendenziell entspricht, erwartet der Benutzer vom Fenster etwas höchst Unnatürliches: Es soll nämlich sowohl durchsichtig als auch schalldicht sein – ein Paradox fürwahr! Nur selten läßt es sich befriedigend verwirklichen, in den meisten Fällen ist ein Fenster in akustischer Hinsicht lediglich ein Loch in der Wand.

Die pompöse Jugendstilvilla, in der ich aus Versehen wohne, weist bis auf den heutigen Tag die einfachverglasten Originalfenster von 1899 auf. Daher habe ich in jedem Raum das Gefühl, mich auf einem Balkon aufzuhalten. Wenn ich in meinem Arbeitszimmer sitze, stehe ich bestimmt fünfzigmal am Tag auf, um das Fenster zu schließen, weil ich den Eindruck habe, es stünde weit offen, muß aber stets wieder feststellen, daß es zu ist. Jedes Außengeräusch dringt nicht nur ungefiltert, sondern auf geheimnisvolle Weise sogar verstärkt ein, und von der heulenden Zugluft flattern mir die Haare. Für einen ausgesprochen klaustrophil veranlagten Menschen wie mich sind dies keine idealen Lebensbedingungen, von heiztechnischen Überlegungen ganz zu schweigen. Der konzentrierten Arbeit am Text kommen derartige Umstände erst recht nicht zugute. Aber immerhin ist es ihnen zu verdanken, daß ich vom Schreibtisch aus ein denkwürdiges Zwiegespräch wenigstens teilweise belauschen konnte, das unlängst in der über zweihundert Meter entfernten Parallelstraße stattfand. Es sei hier getreulich wiedergegeben.

Vor der Haustür eines unscheinbaren Mehrfamilienhauses aus den 1960er Jahren stand, wie ich dank meiner Fernbrille sehen konnte, ein junger Mensch in einer wie aus Brettern zusammengenagelten Uniform. Entsprechend seiner religiösen Überzeugung hatte er nur ein Hosenbein angezogen, das andere, etwas längere, reichte quer über den ganzen Bürgersteig. Reglos in sich ruhend, war er ganz er selbst und spuckte unablässig unter seiner grindig vergreisten Schirmkappe hervor. Falls es eine Art der Meditation war, die er praktizierte, war ihm das Ausschalten der Gedanken zweifellos gelungen. (Was mochte sein Mantra sein?) Eine Postbotin war unterdessen vor derselben Haustür damit beschäftigt, ihrem gelben Wägelchen diverse Briefe zu entnehmen und diese, wie es ihr Berufsbild vorschrieb, in die dafür vorgesehenen Briefkästen zu stecken. Das Bewußtsein des Halbbehosten schien aus jenseitigen Gefilden zurückzukehren. Er lenkte seinen erstaunten Blick auf das Tun der Postbotin und fragte diese: »Tun Sie da was rein?«

»Ja«, war die Antwort.

»Wo?« wollte er daraufhin verdutzt wissen.

Geduldig sagte die Postbotin: »In die Briefkästen.«

»Sind das welche?«

»Ja.«

»Was tun Sie denn da rein?«

»Briefe an die Leute, die hier im Haus wohnen«,

»Warum?« fragte der junge Mensch.

»Weil ich Briefträgerin bin.«

Einen Moment lang schwieg der Wißbegierige. Es arbeitete in ihm. Vollständig zufrieden war er aber nicht, da war offenbar noch ein ungeklärter Rest, das konnte ich ihm ansehen. Wirft nicht jede Antwort zehn neue Fragen auf? So auch hier. Die erste lautete: »Und die … die Briefe, oder wie das heißt, haben Sie die alle selbst geschrieben?«

Was die Briefträgerin darauf antwortete, konnte ich leider nicht verstehen, weil zur gleichen Zeit in der Nachbargemeinde jemand eine leere Wodkaflasche in den Altglascontainer warf.

Das Knie der Großfürstin

Viel zu spät wurde festgestellt, daß sich das Knie der Großfürstin nicht im Stundentakt beugte, sondern immer eine Stunde zu spät. »Dabei wird es immer später!« beklagte sie sich vollkommen zu Recht, denn schon jetzt war es, wie gesagt, viel zu spät. Mit dem Argument, es gehe doch nur um eine Stunde, hätte man ihr gar nicht kommen dürfen. Wie zum Beispiel sollte sie im Betstuhl bestehen? »Gestern abend ist mir mein Hintern schon so verdächtig vorgekommen«, klagte sie weiter, »und jetzt die Sache mit dem Knie.«

Auf den Hintern soll hier nicht weiter eingegangen werden, denn das wäre wieder eine Geschichte für sich. An dieser Stelle geht es um das Knie. Man schraubte das Knie auseinander. Alles zerfiel, die Spule, die Platine, der Nerv, das Kranzgefäß. Draußen vor dem Fenster machte jemand Wasserzeichen, doch niemand interessierte sich dafür. Es zeigte sich nämlich soeben, daß das Knie der Großfürstin kein Funksignal empfing. Daher rührte die Unpünktlichkeit. Das Signal kam vom Fernsehturm in Steglitz, also von ziemlich weit her, aber auch wieder nicht so weit, daß es nicht bis zum Knie der Großfürstin hätte reichen können.

»Man muß dem Knie Zeit geben, das Signal zu empfangen«, meinte der hinzugezogene Geistliche, doch die Großfürstin wollte davon nichts hören:

»Zeit! Zeit! Wenn ich das schon höre! Wie viel Zeit denn noch? Es ist doch ohnehin schon viel zu spät!«

Fieberhaft wurde nach Lösungen gesucht. Einige, die habituell zum Auseinanderschrauben von Dingen neigten, waren dafür, das defekte Knie weiter auseinanderzuschrauben. Führende Spezialisten aber rieten davon ab, denn weiteres Auseinanderschrauben hätte, wie sie nachwiesen, weiteres Zerfallen, nicht zuletzt auf molekularer Ebene, bedeutet.

»Nein«, entschied die Großfürstin daher, »kein weiteres Auseinanderschrauben mehr. Gebt mir nur etwas Zeit, etwa eine Woche, sagen wir, bis Dienstag. Dann will ich das Ding schon richten. Manchmal muß man etwas nachhelfen.«

Bis Dienstag – das war eine lange Zeit für jemanden, dessen Knie sich immer eine Stunde zu spät beugte. Im Betstuhl konnte die Großfürstin unmöglich so lange bestehen. Der Geistliche sah schwarz. Allgemein neigte man zu der Ansicht, bis Dienstag zu warten, sei Unsinn; ein neues Knie müsse her. Es wurden Blumen abgegeben mit der Bemerkung, man halte ein Knie aus Gold für das unter solchen Umständen Gegebene. Natürlich war für so etwas kein Geld da. Das neue Knie durfte nicht mehr als fünf Euro kosten. Also wurde auf Dienstag gewartet.

»Wußten Sie«, fragte die Großfürstin zum Zeitvertreib, »daß den Alten das Knie als Geburtsorgan galt?« Weil es niemand glauben wollte, wurden ein paar Alte gefragt, ob das denn wahr sei. Und wirklich bestätigten sie, sofern sie sich noch erinnern konnten, ausnahmslos: »Ja, uns galt früher das Knie als Geburtsorgan.«

»Und heute?«

»Heute sind wir zu alt dazu.«

Im Grunde handelte es sich um nutzloses Wissen, aber man war wenigstens vom Warten abgelenkt. Am Dienstag erinnerte sich dann sowieso kein Mensch mehr an die Großfürstin und ihr blödes Knie.

Der Fünfundsiebzigste

Vor dem Zubettgehen fiel mir plötzlich ein, daß in diesem Monat der fünfundsiebzigste Geburtstag des bedeutenden zeitgenössischen deutschen Autors war. Mich würgte jähe Angst, dieses wichtige Ereignis könne schon stattgefunden haben und ich hätte es, wie alles andere auch, vergessen. Das wäre schlimm gewesen, denn mit meinem Nichtgratulieren hätte ich mich schändlich blamiert. Hastig schlug ich sein Geburtsdatum in meinem Autoren-Lexikon nach. Da stand: »morgen«. Ich hatte noch einmal Glück gehabt. Für eine Karte war es allerdings zu spät, also mußte ich anrufen. Bevor man Leute anruft, die ungleich bedeutender sind als man selbst, muß man sich Mut antrinken. Und so kam es, daß ich das Geburtstagskind immer wieder stinkbesoffen anrief. Der bedeutende Autor meldete sich jedesmal mit vollem Mund, offenbar Geburtstagskuchen kauend. Was denn los sei, fragte ich, wo er denn gerade herkäme, wie er über Afrika denke, welches Haarspray er verwende, lauter so Schriftstellerfragen. Seine Antwort gar nicht erst abwartend, setzte ich mich ins Taxi und ließ mich meilenweit zu ihm fahren. Die Fahrtkosten würde, hoffte ich, der Suhrkamp-Verlag übernehmen. Mein Gastgeschenk war ein Gummidelphin. Als der bedeutende deutsche Autor, der an diesem Tag fünfundsiebzig wurde, die Tür öffnete, waren seine Haare schlohweiß, so intensiv habe ich geklingelt! »Sie sind doch nicht von der Künstlersozialkasse?« fragte er kauend. Da konnte ich ihn beruhigen, und er bot mir das »Du« an, aber erst nachdem ich ihm vorgemacht hatte, wie Uwe Johnson gestorben ist. Damit kam Bewegung in die Sache. Er nahm mir die Totenmaske weg (für seine Sammlung) und ich ihm den Hindenburg-Fifi. Und er lachte wie ein Menschenfresser bei offenem Fenster. »Mir verrutscht der Humbold!« schrie er immer wieder. Im Badezimmer, wo noch vieles wie früher war, führte er mir auch seine neuerworbene KZ-Aufsehertrompete (Abo-Köder einer großen Tageszeitung) vor. Da kamen Fledermäuse heraus! Gegen Ende wurde er witzig und wollte mir unbedingt erzählen, wieviel er an der Börse für seine alten Stasi-Aktien (sic) gekriegt habe, konnte aber nur noch einen Referenzton zwischen den Fingern hindurch ausstoßen. Ich fühlte, wie ich auch langsam fünfundsiebzig wurde.

Der Konzertflügel

Es überraschte mich nicht wenig, als mein inzwischen stark in die Jahre gekommener Vater sich zu seinem nächsten Geburtstag einen Konzertflügel wünschte. Da hatte er aus Altersgründen soeben sein Kraftfahrzeug abgemeldet und jetzt das! Andererseits: Platz und Zeit hatte er ja, seit meine Mutter tot war. Ich fragte ihn, ob er das Instrument in der nun leeren Garage unterzubringen gedächte. Nein, es sollte im früheren Eßzimmer aufgestellt werden, das zu diesem Zweck auszuräumen und entsprechend neu zu tapezieren war (Klaviertapete). Schön. Warum auch nicht? Ich hatte Verständnis für seinen Wunsch, schließlich hatte ich mir vor kurzem eine billige E-Gitarre gekauft, um heimlich Siebener- und Neuner-Akkorde zu üben, da mochte mein Vater also erst recht Landsknechtlieder und Polkas auf einem Piano forte spielen. Zum Glück wurde mir zu dieser Zeit gerade eine alte Sterbeversicherung ausgezahlt, und von dem reichlich sprudelnden Geld konnte ich einen hochwertigen Kruck-Flügel kaufen. Der wurde dann auch termingerecht geliefert, aber seltsamerweise lag im Resonanzboden meine verstorbene Mutter in ihrem mittelalterlichen Schneewittchenkleid (wie die Herzogin von Cleve). Es schien mir doch sehr die Frage, wie mein Vater darauf reagieren würde. Ich dachte schon: ›Jetzt knallt er den Deckel gleich wieder zu und ist beleidigt‹, aber erstaunlicherweise faßte er die Sache völlig anders auf. So hätten seine Wehrmachtsbriefe aus der Wüste sie doch erreicht, äußerte er mild gestimmt, dabei habe er doch nur ihre alte BDM-Adresse in Ostpreußen gehabt! Eine glückliche Fügung mithin! Nun stehe einer Familiengründung nichts mehr im Wege, auch ich sei herzlich zur Mitwirkung eingeladen. Wenn erst einmal die Reihe der obligatorischen Totgeburten durch wäre, könnte ich gern als Sohn fungieren. Einstweilen schickte er mich, der ich das Gefühl hatte zu stören, in den Keller, um eine Flasche Champagner zur Begrüßung zu holen. Die Zeit bis zu meiner Rückkehr nutzte er, um den Hochzeitsmarsch von Mendelssohn mit bloßen Händen aufs Klavier zu übertragen. Als ich in die Wohnung zurückkam, stand meine Mutter in der Diele, ganz klein und adrett, und redete munter drauflos. Sogar Italienisch konnte sie, wenn auch mit falscher Aussprache. Ich fragte mich, ob ihr das viele Reden wohl gut bekäme und fürchtete, es könne einen Rückfall verursachen. Doch konnte ich mich damit nicht aufhalten, denn ich mußte schleunigst in die Küche und die Champagnerflasche öffnen. Diese Tätigkeit erforderte meine ungeteilte Aufmerksamkeit. Sobald ich den Scheißkorken endlich draußen hatte, rannte ich mit der noch halbvollen Flasche zu meinen Eltern. Dort hatte sich die Szene inzwischen dramatisch verändert. Meine Mutter lag wieder dreiviertelnot im nunmehr zum Sterbebett umfunktionierten Konzertflügel, der vollautomatisch brummte und schnurrte. Etliche Verwandte und Bekannte standen im Zimmer herum. Aller Augen waren auf meinen Vater gerichtet. Er trug einen Arztkittel und erklärte mit lauter Stimme, nach dem Tod seiner Frau werde er diese sofort öffnen lassen, damit die Innereien herausgeholt würden. Dazu machte er entsprechende Gesten. Auf dem Nachbargrundstück hämmerten die Kinder schon den Sarg zusammen. Ich schlich in die Küche und leerte die Flasche vollends.

Der Ventilator

Alles kostet Geld. Wir haben keins, darum müssen wir alles selber machen. Aber nur einer von uns ist dazu geschickt genug, weshalb wir anderen ihn den Ingenieur nennen. Diesem begabten Manne verdanken wir alles, sogar das Haus, in dem wir wohnen, hat er gebaut, das heißt, er baut seit vielen Jahren daran. Zum Abschluß kann er nicht kommen, denn ständig ergeben sich neue Notwendigkeiten, die Änderungen und Verbesserungen erfordern, gleichzeitig muß er uns mit allen Gegenständen des täglichen Gebrauchs versorgen, hier etwas erfinden, dort etwas reparieren. Bewundernswert der Geist, der all dies ersinnen und ins Werk setzen kann!

Ganz ohne Assistenz kommt er dabei allerdings nicht aus. Und so helfen wir, seinen Weisungen gehorchend, mit unseren geringen Fähigkeiten bei der Ausführung seiner Pläne mit. Wie dumm und täppisch wir uns immerzu anstellen! Wir sind dem Ingenieur keine große Hilfe, am liebsten würde er alle Arbeiten allein verrichten. Oft beteuert er dies lautstark und jagt uns, die wir ihm nichts recht machen können, davon. Dann klagt er wieder darüber, keine Hilfe bei der Bewältigung des schier übermenschlichen Pensums zu finden, das er vor sich aufgetürmt sieht. Vielleicht hat es symbolische Bedeutung, möglicherweise aber will der große Einsame uns Taugenichtse nur damit beschämen, daß er sämtliche noch zu erledigenden Arbeiten bereits angefangen und unvollendet liegengelassen hat. Folglich werden unsere Lebensumstände ausnahmslos von einer allumfassenden Baustellensituation bestimmt. Wir erkennen, daß hier in Jahren gerechnet werden muß. Mit ernsten Gesichtern hoffen wir von Tag zu Tag, daß der Ingenieur bis zuletzt den Überblick behalten und im Vollbesitz seiner Arbeitskraft bleiben möge.

In diesem Sommer leiden wir sehr unter der Hitze. Im Haus ist sie wegen dessen unvollständigen Bauzustands am schlimmsten. Das von Natur aus kühlere Parterre ist derzeit unbewohnbar, weil überall Estrich und Wände aufgerissen sind und außerdem Heizkörper herumliegen. Im Obergeschoß ist erst recht nicht gut sein wegen des großenteils abgedeckten Dachs. Ins Freie können wir aber auch nicht, denn der Ingenieur hat im Frühjahr die völlige Umgestaltung des Grundstücks begonnen, große Steinhaufen und tiefe Gräben angelegt, zudem liegen überall gefällte Bäume herum. Ohne Gefahr für Leib und Leben kann kein Unbefugter den Fuß auf das Gelände setzen. Um uns, die wir seit Mitte Juni nur noch ans Sterben denken, den von so unglücklichen Umständen auferlegten Stubenarrest erträglicher zu machen, will der Ingenieur einen Ventilator bauen. Wir sind überglücklich, als er, obwohl ihm eigentlich die Zeit für solche Extra-Arbeiten fehlt, voller Widerwillen sein unbegreiflicher Güte entsprungenes Vorhaben bekanntgibt.

Einen Ventilator bauen – wir Hilflosen wüßten ja gar nicht, wie so etwas zu beginnen wäre! Der Ingenieur jedoch weiß es genau, er muß nicht erst überlegen. Wie wir ihn bewundern, ja fürchten! Die Einzelteile scheint er auf uns wunderbar dünkende Weise geradezu aus der Luft zu greifen. Ein ausgedienter, ziemlich starker Elektromotor und vor unseren Augen selbstgeschmiedete Rotorblätter werden fachkundig miteinander verbunden. Dabei wird nicht an Flüchen und Klagen über ein unbarmherziges Schicksal gespart, titanenhaft wirkt der Mann in seinem Leiden. Jeder Handgriff, jeder Hammerschlag ein Vorwurf an uns nutzlose Handlanger, die wir betreten dabeistehen und schwitzen. Etliche Stunden vergehen auf diese für uns so peinliche Weise, bis unter lautem Schimpfen endlich die letzte Schraube angezogen wird, dann ist es so weit, der Probelauf kann beginnen. Von der ersehnten Kühlung trennen uns nur noch Sekunden. Der Ingenieur setzt den sich als überaus geräuschvoll erweisenden Ventilator in Betrieb. Bevor allerdings der verheißene Effekt eintreten kann, entfernt sich ein Rotorblatt mit großer Wucht durch die geschlossene Zimmertür. Als wir uns von dem Schreck etwas erholt haben, wird uns bewußt, daß einer von uns unweigerlich geköpft worden wäre, wenn er auch nur ein kleines Stückchen weiter links gestanden hätte. Kreidebleich berichtet er, wie er voller Staunen das Geschoß an seinem Ohr vorbeibrausen und das Holz durchschlagen gehört hat.

Der Ingenieur stellt den Motor ab und begibt sich fluchend an die Reparatur der Tür.

Gott, gib mir meine Notizen wieder!

Einen Ingenieursroman hatte ich noch nie geschrieben, und meine totale Unkenntnis des Ingenieurswesens schien mir eine gute Voraussetzung zu sein. Geschlagene zwei Jahre verbrachte ich damit, etwas über Handlung und Charaktere herauszufinden. Wenn ich einen Ingenieursroman schreibe, sagte ich mir, dann muß es auch schon um Wundermotoren gehen. Ein gottbegabter Ingenieur sollte einen Menschheitstraum verwirklichen und endlich den kraftstoffunabhängigen Motor erfinden. Damit bekam das Ganze eine aktuelle, das allgemeine Interesse erregende Grundlage. Ich schrieb und vernichtete eine enorme Anzahl Manuskriptseiten. Schließlich steckte ich hoffnungslos fest. Während das Manuskript nicht vorankam, reagierte ich meinen Schreibzwang ab, indem ich Notizen und nochmals Notizen machte, bis das Notizenmachen zum Selbstzweck wurde. Ich benutzte Bücher mit Blancoseiten, die ich mit zierlicher Handschrift, Zeichnungen und allerhand Eingeklebtem füllte, die sogenannte »Kunst Geisteskranker« diente mir dabei als vages Vorbild. Mit aller Kraft kultivierte ich diese Tätigkeit. Bald waren zwei herrlich anzusehende, ja sinnbetörende Bände entstanden: meine geistige Heimat in jener schweren Zeit. Jeder, dem ich diese beiden Notizbücher zeigte, war tief beeindruckt. Kurzerhand warf ich sie weg. Ich machte einen Sieg der Vernunft daraus und sagte mich los vom Ingenieursroman, meine Familie atmete auf.

Zunächst fühlte ich mich befreit, doch schon nach wenigen Tagen bedauerte ich, meine Notizbücher vernichtet zu haben, und begann, sie zu verherrlichen und zu besingen. Um den Schlaf war es geschehen, fieberhafte Unruhe trieb mich um von früh bis spät. Ich unternahm Rekonstruktionsversuche, die mich in Verzweiflung zu stürzen drohten, weil sie aussichtslos waren. In der Lektüre eines Buches über schizophrene Dichter suchte ich Trost. Gleich auf der ersten Seite las ich etwas von einem »ewig laufenden, von Gott geschaffenen Magnetmotor« und warf mich umgehend wieder auf den Ingenieursroman. Die Familie hielt den Atem an. Wie besessen schrieb ich innerhalb weniger Tage und Nächte mehrere hundert Seiten. Es wurde der gleiche Schrott wie zuvor, und ich vernichtete beide Fassungen. Der Roman war mir nun endgültig egal, aber mehr denn je empfand ich bittere Reue und Zerknirschung wegen der Vernichtung meiner Notizbücher. Mich quälte das Bewußtsein, etwas absolut Unwiederbringliches wissentlich zerstört zu haben. Sie waren das mit Abstand Beste gewesen, das ich je geschaffen hatte. Ich lag nur noch im Bett und rief mir die märchenhaften Seiten ins Gedächtnis, die akkurate kleine Schrift, die eingeklebten Kalendersprüche und Bildchen (unter anderem ein Photo von einer Katze mit zwei Gesichtern!). Die Familie zitterte.

So konnte ich nicht weiterleben. Ich mußte meine Wahnsinnstat ungeschehen machen, mußte in die Zeit davor zurück! Vielleicht aber war es einfacher, die Notizen in Hypnose Seite für Seite zu rekonstruieren? Konnte nicht die entsprechende Hirnregion mit einer photographischen Vorrichtung verbunden werden? Vehement verlangte ich nach Seelenphotographie und Zeitmanipulation. Die Familie rief die Ambulanz.

Wir brauchen Motoren, wir bauen sie selbst

Motoren gehören nicht etwa einer vergangen Zeit an; sie begegnen uns täglich mancherorts. Motoren sind bei Spiel und Arbeit unentbehrliche Helfer. Sie lösen helle Freude aus. Wir können und werden sie immer brauchen. Gewiß ist es aber nicht nötig, *jeden* Motor zu bauen. Große Motoren sind nur für unsere Verhältnisse groß, kleine Motoren (Motörchen) sind niedlich. Als geistiges Rüstzeug für den Bau selbst stärkster und eigenwilligster Modelle benötigen wir unbedingt die Überzeugung »Unser Motor ist billig und gut«. Dies ist nicht zuletzt wichtig, um unsere Kraftfahrzeuge auf dem Weltmarkt reüssieren zu lassen. Ihr ruhiger und schneller Gang erfreut die internationale Kundschaft bei vielen Gelegenheiten. Eingebaut in unsere *Landpfleger*-Personenkraftwagen vermitteln sie den Straßen der Welt Bewegung und Leben.

AM ANFANG
Der Erfinder des Motorengeräusches erinnert sich

Am Anfang standen die Arbeiter ratlos in der Fabrikationshalle herum. Niemand vermochte ein Automobil herzustellen. Blinder Aktionismus, konfuse Pseudo-Planung, aber keine Motoren.

»Bei Mutter betteln wir um eine Stricknadel mit Kopf«, hörte ich sagen und: »Dann besorgen wir uns einen Metallstreifen!«

»So!« rief ich und hieb ihnen den Bauplan eines Mittelklasse-PKW hin. »Nun sehen wir uns die Zeichnung an, damit wir wenigstens wissen, was wir bauen wollen.«

Das half. Mit diesem Wissen belastet, konnten die Menschen schon ein komplettes Auto bauen. Ich wagte angesichts dessen, was sich nach ein paar Tagen abzeichnete, eine Prognose: »Unser Motörchen wird nicht sehr kräftig sein, aber es macht durch sein eifriges Arbeiten Freude.«

Zuerst erntete ich ungläubige Blicke aus ölverschmierten, ehrlichen Arbeitergesichtern. Doch schon bald hallte der Ruf durch die Fabrik:

»Das Motörchen läuft! Warum?«

Da hatten wir das Rad Nummer 1.

Das Rad war drehbar und an einer Achse befestigt. Es konnte sich so lange drehen, bis uns schlecht vor Augen wurde. Nachdem wir eine einfache Anordnung auf einem Tisch aufgebaut hatten, lief das Rad nicht sehr lange. Es drehte sich ein paarmal windschnell – und aus war der Traum. Was wir erreichen wollten, war aber schließlich keine Versuchsvorführung von Sekundendauer. Wir wollten nicht unbescheiden sein, aber so an die fünf Minuten sollte unser Motörchen schon laufen, bevor es sich auflöste.

Wenn jemand einen Bindfaden nahm, das Motörchen daran befestigte und es zum Fenster des dritten Stockes hinaushängte, dann war das ganz in Ordnung.

Eben sprachen wir noch von Rad Nummer 1. Bald schon befestigten wir auf derselben Achse Rad Nummer 2 (mit einem größeren Halbmesser). Hatte Rad 1 einen Halbmesser von 30 Zentimetern, so sollte Rad 2 einen solchen von 60 Zentimetern haben. Wir hatten die größte Mühe, dahinterzukommen.

Mit den beiden Rädern 1 und 2 wollten wir uns aber nicht begnügen, wir bauten noch ein Rädersystem: Rad 3 und 4 (wieder verbunden auf einer Achse M_1). Um nicht aus der Übung zu kommen, wurde eine dritte Achse (M_2) mit Rädern versehen. Später, auf dem Weltmarkt, sollte die Achse M_2 aber wieder zurückgezogen werden.

Ich eröffnete den Betrieb in unserer Motorbauanstalt mit der Herstellung des Luxusklasse-Personenkraftwagens *Landpflegerdickkopf*. Den abergläubischen Arbeitern hämmerte ich in ihre Schädel:

»Dies ist eine kleine Kraftmaschine, die durch die Erde selbst angetrieben wird. Rätselhaft, nicht wahr? Und doch klingt's nur so gelehrt, während es in Wahrheit eine alltägliche Erscheinung ist. Ein Wunder aber trotzdem!« Als ich unsere erste fertiggestellte Kraftmaschine nachher unseren Freunden und Konkurrenten zeigte, konnte ich ruhig etwas geheimnisvoll tun und sagen:

»Seht, da steht sie, die Maschine, die ich mit Hilfe der Erde laufen lasse!«

Rad 4 drehte sich sechzigmal so schnell wie Rad 1 – der *Landpflegerdickkopf* holte eine ganz nette Umdrehungszahl heraus! Wir hatten bei den Probefahrten unsere liebe Not, die Maschine zum Stehen zu bringen.

In den *Toleranzvorschriften für gewünschte Appa-*

rate war vielfach gefordert worden, man solle Fahrzeuge bauen, die ihre eigenen transportablen Parkplätze auf dem Dach mit sich führen könnten. Als gelernter Motoren- und Automobilhersteller konnte ich mich diesem Wunsch nicht verschließen, bot der Kundschaft als besonderen Komfort sogar eine Nakkenstütze. Die Sitze ordnete ich so an, daß die Damen über die Herren hinwegsehen konnten.

Hin und wieder, manchmal im Sommer, wurden von mir gebaute Fahrzeuge sogar von innen bepflanzt. Das roch ganz gut, und den Passagieren wedelten Blätter um die Ohren.

Man unterscheidet zwischen:
  Marginalmotoren
  Hundsmotoren
  Religiöse Motoren

Die Rekonstruktion der Katze

Natürlich kann ich vom Schreiben allein nicht leben, deshalb arbeite ich hauptberuflich im Außendienst eines Betriebs, der verschwundene Menschen, Tiere und Gegenstände aus deren DNA rekonstruiert. Dieser Dienstleistungszweig floriert inzwischen ganz ungemein, und mit dem, was ich dabei verdiene, kann ich mir ein bißchen brotlose Kunst nebenher ganz gut leisten. Nachstehend ein Beispiel aus der Praxis.

Ein Mann hatte uns angerufen und mit gebrochener Stimme einen Notfall gemeldet. Wie er sagte, war seit sieben Wochen die Katze, die immer auf sein Bier aufpaßte, verschwunden. Nur noch ihr Farbphoto hänge über dem verwaisten Platz am Ende des langen Korridors. Das Photo zeige sie in Ausübung ihres schweren Amtes, wie sie über einem mit vollen Flaschen gefüllten Bierkasten thronte. Jetzt sei der Kasten leer.

»Die Katze ist weg, und das Bier ist auch weg«, klagte der betroffene Mann. Sein Haar sei weiß geworden, fügte er hinzu. Sieben Wochen! Sieben Wochen ohne Bier und noch immer kein Lebenszeichen von der Katze. Meldepflichtiger Hausschwamm risse die Hälfte des Hauses fort, sagte er, und seine Frau sei davongelaufen, ohne ihre hölzerne Halskette mitzunehmen. Es war höchste Zeit, daß er anrief. Das mobile Einsatzkommando, zu dem ich gehöre, rückte umgehend aus. Vor der Haustüre des betroffenen Mannes trafen wir eine Katze an. Sie hockte weltabgewandt auf einem Hauklotz.

»Katze, Katze«, sprachen wir zu ihr, »willst du nicht mit hineinkommen zu dem betroffenen Mann und künftig auf sein Bier aufpassen?« Sie war nicht interessiert. Wider alle Vernunft wollte sie draußen in der Kälte auf ihrem Hauklotz kauern. Wir verstanden einfach nicht, wie sie eine derart jämmerliche Existenz unserem Angebot vorziehen konnte. »Der Mann würde für dich sorgen wie für sein eigen Kind«, redeten wir mit Engelszungen weiter. »Mitten in der Nacht würde er dir Köstlichkeiten kochen. Willst du nicht wenigstens mitkommen, um dir die Konservenvorräte in den acht Panzerschränken des Mannes anzusehen?«

Sie wollte nicht. Wir aber, die Aussichtslosigkeit unseres Tuns jäh begreifend, betraten mit unserer tragbaren Rekonstruktionsmaschine das Haus des betroffenen Mannes. Zutiefst verstört empfing er uns mit der Nachricht, man habe ihn am Morgen barfuß und nur mit einem Nachthemd bekleidet mitten in der syrischen Wüste aufgegriffen. Wir begriffen, daß augenblicklich zu handeln war. »Ich bin mit allem einverstanden«, schluchzte der betroffene Mann. Um uns zu demonstrieren, welch einen dicken Hals seine Frau hatte, legte er ihre Holzkette nacheinander jedem einzelnen von uns um den Oberkörper. Er bekam sogar den Verschluß zu. Nun mußten wir aber wirklich mit der Arbeit beginnen. Als erstes mußte die verschwundene Katze bei der astralen Katzen-Zentralseele für tot erklärt werden. Für so etwas gibt es einen Formvordruck, und wegen meiner Neigung zum Schreiben war es meine Aufgabe, ihn auszufüllen und einzureichen.

»Stört es Sie, wenn ich währenddessen ein wenig koche?« fragte uns der betroffene Mann. Beim geringsten Anlaß begann er zu kochen. »Wenn es Sie beruhigt«, antworteten wir. Olivenöl wurde erhitzt, der Mann benutzte einen meldepflichtigen, als Gasherd getarnten Topf. Laut Dosenaufschrift gab es »Sperberfleisch (nur Euter)« aus einem der Panzerschränke.

Nach dem Essen bauten wir schnaufend unsere Maschine auf. Sehr gewissenhaft wurde sodann der lange Korridor nach Katzenhaaren abgesucht. Es gelang uns tatsächlich, eins zu finden. »Wünschen Sie irgendwelche Änderungen am Äußeren der Katze?« fragten wir den betroffenen Mann pflichtgemäß. »Vielleicht Blumenmuster?«

»Nein, antwortete er, »es soll dieselbe Katze sein, und auf das Bier soll sie aufpassen.«

»Dieselbe Katze wird es nicht«, stellten wir unmißverständlich klar. »Eine identische können Sie haben.«

Er war's zufrieden. Also legten wir das Haar in unsere Maschine und drückten die Start-Taste. Nach einer bestimmten Zeit würde entsprechend dem im Haar gespeicherten Gen-Code die komplette Katze rekonstruiert sein. Das war Routine. Ein viel größeres Problem stellte die Wiederbeschaffung des zu bewachenden Biers dar. Wir konnten nirgendwo das kleinste Restchen davon finden, das wir mit Hilfe unserer Maschine hätten wiedererstehen lassen können. Was sollte der Mann mit einer neuen Katze aber ohne Bier anfangen?

Neues Leben mit Schirm

Bitte entschuldigen Sie, daß ich hier noch einmal auf meinen Regenschirm zu sprechen komme. Rückblickend würde ich heute sagen, daß es folgendermaßen war:

Ein Freund hatte mich in seinem PKW zu einer Treppe gefahren, die zu dem hochgelegenen alten Teil unserer Stadt führt, wo ich an jenem Tag aus mir nicht mehr bekannten Gründen einen Menschen aufsuchen wollte, dessen Name mir ebenfalls entfallen ist. Ich kann mich jedoch erinnern, daß es schon Abend war und nach Regen aussah. Noch im Wagen sitzend, sagte ich zu besagtem Freund, daß ich einen Schirm brauchen werde. Ich weiß noch genau, wie überrascht ich war, als mir im nächsten Augenblick zu Bewußtsein kam, was der Freund zu wissen schien: ich hielt einen Taschenschirm in der rechten Hand. Dort muß er in dieser Sekunde entstanden sein.

Ich verließ das Fahrzeug und stieg die steile Treppe hinauf. Plötzlich wußte ich nicht mehr, in welcher Straße die Person wohnte, die ich aufzusuchen beabsichtigte. Dies bemerkte ich, als ich, oben angekommen, eine Frau nach dem Weg fragen wollte. »Hier muß irgendwo eine Straße sein«, begann ich und blieb stecken, auf den Namen der Straße kam ich nicht. »Hier sind überall Straßen«, antwortete die Frau freundlich und ging weiter.

Der geplante Besuch unterblieb also, ich hätte die

Treppe getrost wieder hinab laufen können. Aber ich fand sie nicht mehr! Verschiedene Leute, die ich nach ihr fragte, gaben mir ganz widersprüchliche Auskünfte. Ich drohte zu verzweifeln. Der Schirm beruhigte mich und riet mir, fortan in dem hochgelegenen alten Teil der Stadt zu bleiben. »Mit leeren Händen, ohne alles?« fragte ich bestürzt. »Du hast immerhin mich«, erwiderte der Schirm. Doch bloß mit einem Taschenschirm und der Kleidung, die ich am Leibe trug, ausgestattet, glaubte ich kein neues Leben in einer fremden Umgebung beginnen zu können. Ich brauchte meine gesamte Habe – doch die mußte ich nun, wie der Schirm mir mitteilte, verloren geben. Es begann, stark zu regnen. Ein Glück, daß ich den Schirm hatte! Ich spannte ihn auf und stand lange an irgendeiner Straßenecke, mit leerem Blick vor mich hin starrend, immer nur denkend ›Wie unausdenkbar entsetzlich‹, während es ganz dunkel wurde. Der Schirm ermahnte mich, mir eine neue Existenz aufzubauen. »Wie denn?« fragte ich. Die Antwort lautete, hier sei ein bestimmter Apotheker für die Vermittlung von dergleichen zuständig, zu dem solle ich gehen. Ich machte mich auf den Weg, mein Schirm navigierte. Ein paar Straßen weiter fand ich die verheißene Apotheke. Die Beleuchtung war gelöscht und die Tür abgeschlossen. Ich betätigte die Nachtglocke. Es dauerte, bis ein Licht erschien. Jemand näherte sich mit einer brennenden Kerze. Ein sehr alter Mann, wahrscheinlich der Apotheker, öffnete ein in die Ladentür eingelassenes Fensterchen und fragte: »Suchen Sie eine neue Beschäftigung?« Als ich bejahte, reichte mir der Mann einen Zettel heraus, auf dem etwas stand. »Fangen Sie gleich damit an«, riet er mir. Bevor ich ihm danken oder eine Frage stellen konnte, hatte er das Fenster wieder geschlossen und den Rückzug angetreten. Auf dem Zettel stand: *Nachts mit erhobenem Zeigefinger an der Bushaltestelle herumlaufen.*

9-Volt-Blockbatterie

Nachdem sich der Psychologe das ganze Elend eingehend angehört hatte, schrieb er etwas auf einen Zettel, den er mir anschließend über den Schreibtisch hinweg reichte. »9-Volt-Blockbatterie« stand darauf sowie Name und Adresse eines Elektronikladens. »Keine fünf Minuten zu Fuß von hier«, fügte der Arzt mündlich hinzu. Auf meine darüber zum Ausdruck gebrachte Verwunderung reagierte er lediglich mit den Worten: »Gehen Sie hin und verlangen Sie die Batterie. Leben Sie wohl.«

Schon fand ich mich draußen wieder, in der von unzähligen Menschen hastig durchpflügten Eiswüste der Innenstadt. Die bitterkalte Luft bohrte sich nahezu ungehindert in die Haut an meinem altersmürbe gewordenen Hinterkopf-Haarwirbel. Mit meinen fühllosen, steifen Fingern glaubte ich noch immer den Zettel mit der ärztlichen Verordnung zu umklammern, doch hatte ich ihn, wie ich feststellen mußte, bereits verloren. Erstaunlicherweise konnte ich mich aber an den Wortlaut der Notiz erinnern, sogar an die vollständige Adresse des Geschäfts. Es war wirklich nicht weit bis dorthin, vielleicht einhundertzwanzig Meter. In einem Gebäude, das so deprimierend anzusehen war, daß ich an der Kompetenz des Psychologen zweifeln wollte, befand sich unübersehbar der fragliche Laden. Das extrem wild gestaltete Schaufenster quoll über von grellem Elektronik-Plunder, von dem ich mir nicht im mindesten vorstellen konnte, wofür oder wogegen er gut sein sollte. Wenigstens würde es drinnen wärmer sein als auf der Straße, und so begab ich mich wohl oder übel hinein.

Von der schieren Masse des überall aufgetürmten Unsinns heillos überfordert und unfähig, mir ein detailliertes Bild zu verschaffen, suchte ich mein Heil darin, mich auf den Grund meiner Anwesenheit zu konzentrieren. Eine 9-Volt-Blockbatterie war zu verlangen. Daraus ergab sich die Notwendigkeit, einer zuständigen Person meinen Wunsch vorzutragen. Endlich gelang es mir, in all dem apokalyptischen Wust eine Verkaufstheke auszumachen und dahinter ein offenbar weibliches Wesen. Es war jung, groß, stattlich und von hinreißender Gestalt, und ich dachte traurig: ›Welch ein ungeheurer Aufwand an vorübergehend wohlgeordneter Biomasse, nur um der Fortpflanzung unserer fragwürdigen Spezies zuzuarbeiten!‹ Doch halfen mir solche Betrachtungen jetzt nicht weiter. So gefaßt wie möglich sprach ich daher: »Ich hätte gern eine 9-Volt-Blockbatterie.«

Meine ärztlich verordneten Worte hatten, wie ich im nächsten Augenblick sah, eine völlig unerwartete Wirkung. »Einen 9-Volt-Block?« rief die junge Schönheit ungläubig aus, und fast wich alle Farbe aus ihrem wundervollen Antlitz. Mir schoß der Gedanke durch den Kopf, der von mir geäußerte Satz, zumindest aber der Begriff »9-Volt-Block«, könne beim Volk eine mir unbekannte obszöne oder noch schlimmere Bedeutung haben. Hatte ich etwa, von einem sadistischen Arzt angestiftet, unwissentlich ein Synonym für etwas unaussprechlich Perverses gebraucht? Was mußte die Frau nun von mir denken? Sollte ich ihr nicht schnell die Situation erklären und mich vorsorglich bei ihr entschuldigen? Wenigstens ging sie nicht gleich prügelnd und tretend auf mich los. Nein, Wut oder Empörung verriet ihr Verhalten eigentlich gar nicht. Ich argwöhnte daher, ihr womöglich Angst eingejagt zu haben. »Ich hätte gern eine 9-Volt-Blockbatterie« konnte doch ohne weiteres ein Code für die furchtbare Drohung eines Schutzgelderpressers sein! Wenn die junge Frau mich nicht für ein Schwein hielt, dann gewiß für einen Schwerverbrecher!

Ratlos starrte ich sie an und wartete auf die Auflösung des Rätsels. Sobald sie sich hinreichend erholt hatte, vertraute sie mir an, ihr sei einst von einem hochbegabten kleinen Hund (sie hob ein maßstabgetreues Modell desselben in die Höhe), welcher mit den Korrekturfahnen einer Weissagung im Maul hereingetrabt sei, übermittelt worden, es werde einmal einer in den Laden kommen, der sei der Richtige für sie, und sie werde ihn daran erkennen, daß er eine 9-Volt-Blockbatterie verlangen würde.

Eine schweinische Mädchengeschichte

Ein emsiges Mädchen bin ich, das alle Tage in der Stadt unterwegs ist, unermüdlich, zu Fuß, mit Bus und Bahn. Niemand kann mir vorwerfen, ich trüge dabei nicht stets schwere Taschen und Beutel. Manchmal fahre ich sogar in Nachbarstädte, mindestens ebenso bepackt wie sonst. Doch damit nicht genug: Öfter als einmal habe ich schon auswärts übernachtet. Solche Übernachtungen haben etwas Problematisches, weil viel Peinlichkeit damit verbunden ist. Man vernachlässigt die Körperpflege, verliegt sich die Haare in fremden Betten, man kann nicht so, wie man will, alles ist falsch.

Auf meinen zahllosen Reisen trage ich Kleidung, die insgesamt zwar praktisch, teilweise aber nicht nach meinem Geschmack ist. Mein hochgeschlossenes Mäntelchen etwa läßt mich kindlicher erscheinen als nötig, doch so hat es der Familienrat beschlossen aufgrund ungeschriebener Gesetze. Etwaige Begehrlichkeiten seitens ambulanter Kindsverderber sollen an diesem Panzer zuschanden werden. Tatsächlich bleibe ich unbehelligt dank der zur Schau getragenen abstoßenden Unschuld. Die Harmlosigkeit meines Aussehens steht jedoch in schreiendem Gegensatz zu meinen tatsächlichen Persönlichkeitsverhältnissen: Mein Leib ist eine einzige Schweinerei (diesen Satz muß ich in der Schule wöchentlich tausendmal schreiben). Ein Musiker, der spielt wie ein Schwein, hat passenderweise Gefallen an mir gefunden. Geschehen konnte dies, weil ich im Moment seiner Annäherung lediglich ein Katzenfell (in der linken Hand) trug. So kamen wir ins Gespräch, und seither sieht er viel von einer Frau in mir, wie er sagt. Unsere Verbindung stellt für ihn den Schlüssel zu seiner dauerhaften seelischen Gesundheit dar. Bei der Aufrechterhaltung derselben möchte ich ihm gern weiterhin behilflich sein. Zugegebenermaßen nicht völlig uneigennützig, denn die Beschäftigung mit ihm bietet mir eine willkommene Abwechslung in meinem Reisealltag. Denke man angesichts meines zarten Alters nun aber nicht, der Musiker sei der erste, mit dem ich es zu tun habe. In der Vergangenheit sollte ich auf Beschluß des Familienrats einen elfjährigen Arzt heiraten, der beruflich ein totaler Versager war und zum Glück rechtzeitig unter einen Kran kam. Daher konnte ich Sitzfläche und Schoß für einen Würdigeren bewahren.

Ich will, da hier noch etwas Platz ist, davon erzählen, wie der Musiker und ich unsere gemeinsame Zeit gestalten. Dieselbe ist übrigens knapp bemessen, weil ich alle Tage in der Stadt unterwegs bin und der Musiker häufig auftritt. Aber wenn es sich dann doch einmal ergibt, erblüht die Schweinerei meines Leibes, während ich bei ihm übernachte. Der Familienrat darf nie etwas davon erfahren, man würde mich in mein Mäntelchen einnähen.

Schade, nun reicht der Platz doch nicht mehr für Einzelheiten unseres intimen Treibens. Zuerst will das Textende nicht kommen, und dann ist es plötzlich da. Nur so viel vielleicht noch zu meiner vorstehend erwähnten Leiblichkeit: Ich weiß manchmal gar nicht, wie meine Knie aussehen, und muß im Spiegel nachsehen. Bei Mädchen soll das aber ganz normal sein, habe ich gehört. Auch, daß man sich die eigene Haarfarbe nicht merken kann.

Erlebnis im Osten

Vor ungefähr zehn Jahren unternahm ich mit drei Kollegen eine Fahrt durch eine östliche Landschaft, die damals reich an heruntergekommenen, leerstehenden Herrenhäusern und Schlößchen war. Um Geld zu sparen, pflegten wir in derartigen Gemäuern zu übernachten, was allemal seinen Reiz hatte, besonders für Menschen mit Sinn fürs Morbide. Wir gehörten nicht zu denen, die bei solchen Gelegenheiten die Schadhaftigkeit der vorgefundenen Immobilien durch ihr Verhalten mutwillig noch vergrößern, sondern begegneten denselben durchaus mit dem gebotenen Respekt. Dies hinderte uns allerdings nicht, des nachts auf dem ruinierten Parkett ehemaliger Salons zu sitzen, geistigen Getränken zuzusprechen und uns trefflich zu unterhalten, wobei wir, wie gesagt, jederzeit die Form wahrten.

Nach einem solchen Anlaß kehrte eines Morgens mein Bewußtsein aus gleichsam unterirdischen Tiefen ans gedämpfte Tageslicht zurück. Nach wie vor saß ich zusammengesunken am Boden, jetzt schmerzte mein ganzer Körper. Ich verspürte Hunger und rasenden Durst. Auf meiner Armbanduhr war es zehn nach neun. Die anderen waren auch noch da, wo sie in der Nacht gesessen hatten. Wie seltsam sie in ihrem Schlaf wirkten, wie aller Anatomie spottend. Geradezu wie ein paar Kleiderhaufen. Als ich fähig war, genauer hinzusehen, erschrak ich. Das konnten keine Menschen sein!

Auf allen vieren kroch ich hin, um mir Gewißheit zu verschaffen. In der Tat waren es nicht meine drei Kollegen, die da vornüber gekippt am Boden hockten, sondern grobschlächtige Bälger aus teergetränkten Lumpen. Anscheinend hatte ich sehr tief geschlafen, und dies war ein unerwarteter Scherz, den sich die Herrschaften mit mir erlaubten. Die Teerpuppen mußten sie irgendwo auf dem Grundstück gefunden haben. Ich war schon neugierig auf den dazugehörigen Bericht. Jeden Augenblick erwartete ich das Gelächter der Witzbolde, doch es blieb aus. Wo mochten sie sein? Mir blieb nichts anderes übrig, als sie zu suchen. Was jetzt not tat, war ein ausgiebiges Frühstück. Wahrscheinlich waren sie draußen beim Wagen. Also richtete ich mich auf, so gut es mir möglich war, und ging hinaus.

Die Kollegen waren nirgends zu sehen. Der Wagen stand an derselben Stelle wie am Abend zuvor, aber etwas stimmte nicht. ›Hat der gestern auch schon so ausgesehen?‹ fragte ich mich erstaunt, denn das Fahrzeug war ungewohnt rostig und verbeult. Es fehlten sogar zwei Räder! War das auch ein Scherz? Welch ein Aufwand, bloß um mich zu mystifizieren! Was war nur in meine Mitreisenden gefahren? Ich öffnete die knarrende, kreischende Fahrertür und ließ mich auf den zerschlissenen Sitz fallen. Was hier vorging, verstand ich nicht. Ratlos versuchte ich, wenigstens den Rückspiegel richtig einzustellen. Dabei sah ich, daß sich vom Haus her jemand näherte. Drei Gestalten waren es, und mir sträubten sich die Haare, als ich sie erkannte. Nicht meine Kollegen wankten da mühselig heran, sondern die Teerpuppen! Daß spaßeshalber erstere in letzteren stecken könnten, nahm ich aufgrund der offenkundigen anatomischen Unmöglichkeiten keine Sekunde lang an. Ich fuhr um mein Leben. Noch als sie mich aus dem Auto zerrten, behielt ich das Lenkrad in Händen und ließ nicht nach, Motorgeräusche aufs dringlichste mit der Stimme nachzuahmen.

Regierung streicht Betäubungsgeld für Kleinkinder

»Nun nehmen sie uns auch noch das«, höre ich leidgeprüfte Eltern klagen. »Zuerst streicht die Regierung unseren Kindern das Essen, die Kindergartenplätze und die Zukunft und jetzt …« Halt, liebe Eltern, macht Euch keine Sorgen, es ist ja gar nicht wahr, die Hiobsbotschaft ist reine Erfindung – ich habe nur zu einer List gegriffen, um Leserinnen und Leser zu ködern, denn in Wirklichkeit handelt dieser Text wieder von meiner musikalischen Laufbahn. Bitte, schön aufpassen!

In den 1970er Jahren, als manches (vor allem die Welt) besser war als heute, war ich ganz dem musikalischen Experiment ergeben und sann auf Wege, damit meinen Lebensunterhalt zu bestreiten. Ideal erschien mir eine Festanstellung, wenn ich auch keine Ahnung hatte, wie so etwas zu verwirklichen wäre. Ich sagte mir: »Mit Geduld und Glück wird es schon werden«, und wartete auf meine Chance.

Da, wo ich damals wohnte, waren die Sommerabende vom eingängig-melodischen Gebimmel eines Eiswagens erfüllt, der unermüdlich durch die Straßen des Viertels fuhr und Kunden anlockte. Diese Musik wurde auf elektroakustische Weise erzeugt, entweder kam sie vom Band, oder irgend eine andere, mir unbekannte technische Vorrichtung an dem Gefährt brachte sie hervor. Zunächst klang das Konservengeklingel vollkommen gewöhnlich, mit der Zeit aber änderte sich das. Mir fiel eines Abends auf, daß die Melodie nicht mehr stimmte. Einige Töne fehlten, und die übriggebliebenen gerieten mehr und mehr in eine falsche Reihenfolge. Vermutlich war die Ursache ein Defekt, welcher jedoch von seinem Besitzer nicht behoben wurde. Ich war fasziniert von den zunehmend irren Tonreihen, die da tagtäglich in die Gegend posaunt wurden. Sobald ich hörte, daß sich der Eiswagen näherte, nahm ich mein Aufnahmegerät in Betrieb und hielt das Mikrophon aus dem Fenster. Die ursprüngliche Melodie war bald nicht mehr zu erkennen, fast jeden Tag gab es eine neue wilde Variante. Es klang wirklich zum Verrücktwerden. Während die auf Tonband gespeicherte Ausbeute zu meiner großen Freude immer reicher wurde, wunderte ich mich gleichwohl unablässig über die Dauerhaftigkeit des akustischen Phänomens. Es war doch nicht zu begreifen, daß der Eismann, mutmaßlich ein Mensch mit bodenständiger Weltanschauung, nichts dagegen unternahm. Störte es ihn nicht? Wie konnte es mit seinem höchstwahrscheinlich kaum an der musikalischen Avantgarde geschulten ästhetischen Empfinden harmonieren? Machte er sich keine Gedanken darüber, wie das wahnwitzige Gebimmel auf die mehrheitlich gewiß auch eher konservativ gesinnte Kundschaft wirken mußte? War er so indolent, so unmusikalisch?

Wie auch immer, mir konnte es nur recht sein. Innerhalb weniger Wochen gewann ich eine stattliche Sammlung, die ich intensiv studierte und analysierte. Ich schnitt die einzelnen Bandaufnahmen taktgenau hintereinander, so daß sie ein zusammenhängendes Musikstück bildeten. Dieses lernte ich dann auswendig und bewarb mich damit als festangestellter Flötist bei einem mobilen Altwarenhändler – mit Erfolg, wie ich sagen darf. Seither erschallen meine hochkomplexen Flötentöne in den Straßen.

Auf Wohnungssuche

Es mußte dringend eine neue Wohnung gefunden werden. Meine Frau konnte sich nicht darum kümmern, weil sie den ganzen Tag arbeiten ging (abends bügelte sie sogar noch Ersatzfelle für den Hund). Somit blieb die Wohnungssuche an mir hängen, der ich von früh bis spät damit beschäftigt war, mein altes Gesicht in den kalten, da schlecht durchbluteten Händen zu bergen. Für die müden Augen war dieser leichte, ausgesprochen kühle Druck stets eine Wohltat. Daß ich obendrein noch die Wäsche, die Einkäufe, den Abwasch und nun sogar die Wohnungssuche erledigen mußte, trieb mich um so tiefer hinter meine Hände.

Irgendwie kam es dann aber doch dazu, daß ich eine Wohnung besichtigte. Drei ältere Männer redeten mir zu, sie sofort zu mieten (die Wohnung, nicht die Männer). Das Gespräch fand auf einer breiten und sehr tiefen Sitzgelegenheit statt, auf der alle bequem Platz hatten. Zwischen den Männern und mir befand sich, mal kauernd, mal liegend, mal sitzend, eine Stoffpuppe, annähernd lebensgroß und einen blassen Mann mittleren Alters mit schwarzem Bart vorstellend. Sie war in ein Kapuzengewand gehüllt, so daß nur das stilisierte Gesicht herausschaute. Hin und wieder kippte sie um. So weit ich verstand, war der Vormieter, den sie verkörperte, unheilbar krank und lag im Hospital. Seine Wiederkehr wurde nicht mehr erwartet. Ich kannte bis jetzt nur den Raum, in dem wir uns aufhielten. Niemand machte Anstalten, mir den Rest zu zeigen. Die drei älteren Herren rückten immer weiter von mir ab, bis sie am anderen Ende der Sitzgelegenheit saßen. Sie schienen Abschied von der Vormieterstoffpuppe zu nehmen, aber eigentlich sah es eher so aus, als schlügen sie auf sie ein.

»Was tun Sie da?« rief ich. »Diese Stoffpuppe sollen doch meine Frau und ich bekommen!«

Sie lachten nur und fingen an, die Puppe aufzublasen. Einer von ihnen erklärte mir: »Sie sieht so flach und stilisiert aus, da wollen wir ihr jetzt lebensechte Züge einhauchen.«

»Das tut man nicht!« protestierte ich. »Nicht, wenn der arme Vormieter sterbenskrank im Hospital liegt und nie wiederkommt!«

Statt natürliche Körperformen, etwa eine richtige Nase, auszuformen, wurde das Gebilde jedoch immer ballonartiger und riesiger. Alarm im Weltall!

»Aufhören! Die Luft raus! Sofort!« verlangte ich, aber sie kümmerten sich nicht darum. Das enorm aufgetriebene Ding mit dem schwarzen Bart und dem schier endlos dehnbaren Kapuzengewand war drauf und dran, den ganzen Raum zu füllen. Ich bekam große Angst davor, es könne im nächsten Augenblick mit einem gesundheitsschädigenden Knall platzen, und floh aus der Wohnung. Weil meine Frau inzwischen unseren Mietvertrag fristlos gekündigt hatte, erzählte ich ihr lieber nichts von meinem Mißerfolg. Als ich das nächste Mal zwischen meinen Fingern hindurchsah, war sie soeben damit beschäftigt, für die Leute, die unsere alte Wohnung übernehmen würden, traditionelle Vormieterstoffpuppen von uns anzufertigen. Der Puppe, die mich darstellte, nähte sie die Hände vors Gesicht.

Aufwachen

Das bekam ich für meine Praxisgebühr: Der Arzt wollte mir einreden, ich träume und sei überhaupt kein richtiger Akteur in der Welt des Wachbewußtseins. »Und Sie?« wagte ich zu fragen. Solche spitzfindigen Fragen seien typisch für Träumende, versetzte der Arzt. Er bestand darauf, daß ich an einer Aufwach-Hemmung litt. Das sei nicht gut, ich müsse endlich aufwachen, um den Anforderungen des Alltags zu genügen. Also verordnete er mir eine Schocktherapie. Ich fragte mich, ob ich wohl in ein altes Kanalisationsrohr gesteckt würde und ganz woanders, vielleicht auf einer Abraumhalde außerhalb der Stadt, wieder herauskäme. Statt dessen wurde ich in einen speziellen Aufwachraum geschickt, wo ich auf den Schock warten sollte. Ich war sehr gespannt, doch zunächst geschah nichts, und ich machte mir so meine Gedanken übers Gesundheitswesen. Plötzlich flog in der Zimmerdecke eine Luke auf, und ein nackter, kahler (bestimmt total unmusikalischer) Kerl mit leichenhaft bläulicher, stellenweise aussatzbedeckter Haut sprang zu mir herunter. Für einen kurzen Moment verharrte das Scheusal in hockender Haltung am Boden, dann richtete es sich erstaunlich geschmeidig auf. Geifernd und eine größere Glasscherbe schwingend, kam es näher. Der Ausdruck seiner Visage war so debil wie bösartig. Schon konnte ich mein Spiegelbild in seinen Pupillen erkennen. Das konnte, das durfte nur ein Traum sein. Da hatte der Arzt wohl recht, ich mußte dringend aufwachen. Auf dem Gipfel meines Entsetzens, als mein Herz zu versagen drohte, tat ich automatisch, was ich von Angstträumen her zu tun gewohnt war: Ich schrie meinem (hoffentlich auch in diesem Fall) in einer anderen Dimension schlafenden realen Ich zu, es solle sofort die Augen öffnen und erwachen. Insgeheim glaubte ich nicht an den Erfolg der Maßnahme, war ich doch überzeugt, bereits wach zu sein. Zum Glück durchschaute der blauhäutige Angreifer diese Feinheiten nicht, denn er war mit einemmal weg. Eine umgehend durchgeführte Untersuchung (deren Kosten von der Krankenkasse nicht übernommen würden) ergab, daß die Schocktherapie insgesamt nicht den gewünschten Erfolg bei mir gehabt hatte. »Was ist jetzt wieder?« erkundigte ich mich bei dem Arzt. »Na, Sie sind tot«, sagte er. »Tot? Ich? Unsinn!« protestierte ich, denn das würde richtig teuer werden. »Im Grunde ist das ganz natürlich«, belehrte mich der Arzt, »denn jeder Schlaf ist der Versuch des Organismus, sich dem Existieren durch Tod zu entziehen. Das lehrt die Wissenschaft.« Dann fragte er: »Träumen Sie noch? Können Sie sich an Träume erinnern?« – »Im Moment nicht.« – »Dann sind Sie tot.« Er zog sich die Jacke an und forderte mich auf, mitzukommen. »Wohin?« wollte ich wissen und erfuhr: »Ich bringe Sie zu Ihrem toten Großvater. Der soll sich um Sie kümmern.« Das waren ja schöne Aussichten. Vielleicht, dachte ich, wäre es aber gar nicht so schlecht, weil ich dann ja sicher in eine Art Vergangenheit mit einem besseren Gesundheitssystem käme. Und vielleicht träfe ich dort meine früh verstorbenen Ex-Bandkollegen wieder, und wir könnten, auf der Basis von Opas Rente und Scharlachberg-Vorräten, die erste deutsche Rock-Oper produzieren! Ich war einverstanden. Leider wachte ich im nächsten Moment auf.

Beim Welterbauer

Meine neue Brieffreundin hatte mich eingeladen, bei ihr zu leben, damit sich unsere Korrespondenz künftig zeit- und kostensparender gestaltete. Sie holte mich vom Bahnhof ab und konnte es kaum erwarten, mich nach Hause mitzunehmen. Ich fragte sie, wo sie denn wohne.

»Beim Welterbauer«, sagte sie, »das ist ein Mann, der Welten erbaut oder errichtet, je nachdem. Ich glaube, es ist seine verbriefte Aufgabe im Schöpfungsplan. Da kann man nichts machen. Seine Welten interessieren mich eigentlich einen Dreck.«

Und wie wir so dastanden, uns gegenseitig festhielten und das obige sprachen, näherte sich ein Motorengeräusch.

»Der 622er Bus!« kreischte meine neue Brieffreundin auf Verdacht. Im allernächsten Moment aber zeigte sich, daß sich zwar in der Tat ein Fahrzeug näherte, jedoch kein Linienbus, sondern ein Lautsprecherwagen. Aus dem Lautsprecher tönte es dröhnend: »Hallo, hallo, wir können noch nichts Genaues sagen, daher sagen wir jetzt erst einmal nichts.«

Eine Stunde später erreichten wir das Haus, in dem meine Brieffreundin wohnte.

»Wo ist er denn, der Welterbauer?« fragte ich beim Eintreten.

»In seiner Werkstatt«, antwortete sie, »er errichtet wieder irgend eine Welt.«

Tatsächlich war aus einem der Zimmer eine sonore

Stimme zu vernehmen: »Es wird! Es wird! Eine kleine Welt ohne Fehl! Ohne ...«

Dann gab es einen lauten Knall, und dieselbe Stimme schimpfte: »Scheiße, das war wieder nichts. Jetzt muß ich mir die Hände waschen.« Eine Tür öffnete sich, und ein großer, dicker Mann mit Hut trat heraus. Leicht betrunken wirkend, wunderte er sich: »Nanu? Besuch?«

Ich grüßte höflich und stellte mich vor.

»So, Sie sind also die sagenhafte neue Brieffreundin meiner Kleinen? Haben Sie vielleicht eine interessante Krankheit?« meinte er. Ehe ich etwas erwidern konnte, begann er: »Ich beschäftige mich viel mit dem Erbauen und Errichten von Welten, einem, nebenbei bemerkt, recht interessanten Spezialgebiet. Haben Sie je mit dem Gedanken gespielt, eine Welt zu errichten?«

»Eigentlich eher nicht ...«

»Für den Fall, daß Sie es doch einmal probieren wollen, rate ich Ihnen, mit ganz einfachen Welten anzufangen. Komplizierte Welten haben viele Nachteile. Anfänger sind gut beraten, ihre ersten Welten auf höchstens drei oder vier Bestandteile zu reduzieren. Nur zum Vergleich: In der Welt, in der wir momentan weilen, gibt es mehr als elf. Was für eine Verschwendung! Ich kann Ihnen einiges über Welten und deren Errichtung verraten.«

Mutig wandte ich ein: »Aber Sie scheinen, mit Verlaub, nicht ganz nüchtern zu sein. Ist es denn ratsam, in betrunkenem Zustand Welten zu errichten?«

Diesen schwachen Einwand wischte er sogleich fort:

»Die Trunkenheit bildet das Fundament meines Tuns, sie ist die erste Notwendigkeit für ernste Arbeit. Jeder Welterbauer schenkt ihr die peinlichste Sorgfalt.«

Ich blieb dann einige Jahre dort, trank viel und erlernte das Weltenerbauen doch nicht. Wenn ich so zurückdenke, frage ich mich, ob ich seit jenem ersten Tag meine Brieffreundin überhaupt noch einmal wiedergesehen habe. Dummerweise kann ich mich einfach nicht erinnern. Ich hätte vermutlich gar nicht mit dieser Geschichte anfangen sollen.

Polizeiwitz

»Erzähl doch mal einen Polizeiwitz«, schlage ich einem alten Bekannten vor. Der legt sofort los:
 »Ein Mörder kommt aufs Revier. In der Hand hat er ein Fahndungsgesuch mit seinem Steckbrief, da steht drauf: ›Wir suchen Mörder aller Art‹. Nee, Moment, anders, die Polizei sucht natürlich Mörder, aber auf dem Steckbrief, da steht das nicht so, wie ich gesagt hab, da ist irgendwie das Bild von dem Mann drauf, verstehst du? Drüber steht ›Gesucht‹ und drunter ›Mörder‹, also ›Mord‹. So, daß man sofort erkennt, daß er der gesuchte Mörder ist, als er da reinkommt. Verstehst du? Und dann fragt er die Polizisten, also, die, die da Dienst haben: ›Sie suchen doch Mörder?‹, nein, anders: er zeigt ihnen den Steckbrief, also, er fragt jedenfalls: ›Verzeihung, ist die Stelle noch frei?‹ Verstehst du? ›Verzeihung, ist die Stelle noch frei?‹ Und der Polizist auf dem Revier antwortet: ›Wann können Sie denn anfangen?‹«
 Er lacht wiehernd, und in meiner Verlegenheit frage ich: »Weißt du, daß du schöne Hände hast, wenn du lachst?«

Predigerausbildung

In einer Zeit wie der gegenwärtigen ist die Ausbildung zum Prediger ein wichtiges Thema. Ist Prediger nicht ein Beruf mit Zukunft? Wäre es nicht besser, in Deutschland gäbe es acht Millionen Arbeitslose weniger und dafür acht Millionen Prediger mehr? Vielleicht könnte ich selbst auch Prediger werden? Darüber habe ich mich mit Herrn Milchbein unterhalten, seines Zeichens Kirchenbeauftragter für die Predigerausbildung und Vorsitzender der Fleischerinnung in einer Person. Eine interessante Kombination, wie ich noch heute finde. Im Zeichen dieser Kombination stand auch das ganze Gespräch. Es begann schon damit, daß Herr Milchbein mich ermunterte, mir ein Knackwürstchen aus seinem Klingelbeutel zu nehmen: »In Weihwasser gekocht!«

Es schmeckte vorzüglich, fast wie Hirn im Sulzkissen.

»Nehmen Sie noch eins«, rief Herr Milchbein generös. »Und noch eins!«

Ich tat es gern, doch mußte ich ab sofort mitzählen. Mehr als vierunddreißig Stück bekommen mir nicht. Wir unterhielten uns dann noch ein bißchen über die Predigerausbildung. Was man denn tun müsse, um Prediger zu werden, wollte ich wissen. »Zuerst einmal den Predigerschein machen«, lautete die Antwort. Ich erfuhr, daß es da drei verschiedene Klassen gibt: A, B und C. Mit dem Schein der Klasse A darf nur den Vögeln gepredigt werden, Klasse B berechtigt auch zum Predigen vor Katzen und Hunden. Und wer Klasse C hat, kann Menschen und Schweinen predigen, weil die sich biologisch sehr ähnlich sind. Ich nahm noch ein Würstchen.

Nun konnte ich mir die Frage nicht länger verkneifen, wie es bei Herrn Milchbein wohl zu dieser originellen Verbindung von Predigerkunst und Metzgerhandwerk gekommen war.

»Ja, Gott«, antwortete er, »die Leute wollen doch immer Fleisch essen, und das dann mit dem Predigen zu verbinden, schafft Anreize. Außerdem kommt Fleisch ja auch schon in der Bibel vor. Letztenendes wird das Wesen der Predigt selbst davon beeinflußt, wir haben dementsprechend Predigten mit Fleischeinlage, zum Beispiel die Kraftpredigt mit Rinderessenz. Oder die klare Geflügelpredigt, keinesfalls zu vergessen die hocheffiziente Wurstpredigt. Nehmen Sie noch ein Knackwürstchen!«

Allerdings verschwieg Herr Milchbein nicht, daß diese Verbindung auch Gefahren birgt. In der Praxis müsse man sehr aufpassen, daß sich Predigtschüler nicht an der Sulzware versündigen. Sehr wichtig sind, wie ich erfuhr, zudem die Bußübungen und Kirchenstrafen, die ebenfalls zur Ausbildung gehören. Die beliebteste Strafe sei das grußlose Pökeln, sagte Herr Milchbein.

Ich fragte ihn, welche Bußübung ihm persönlich am meisten Spaß mache. Vielleicht die blecherne Schweinesause?

»Nein«, meinte er, »dann schon eher Kniehang in der Hammelklappe. Ich habe aber kaum etwas zu büßen. Nehmen Sie doch noch ein Knackwürstchen!«

Am meisten interessierte mich, wie er selbst Prediger geworden sei. Wollte seine Frau das so haben? »Von wegen« erwiderte er, »mit meiner Frau hat das nichts zu tun. Im übrigen bin ich unverheiratet. Als ich noch Metzger war, ist mir diese große Bratwurst am Himmel erschienen, und ich dachte: Sieh die Bratwurst, sieh die Bratwurst! Das hat mein Leben völlig verändert. Sehen Sie, es ist letztlich der unbeugsame Wille zur Wurst, der hinter allem steht.«

Man kann nicht vorsichtig genug sein

Der Keller meines Vaters quoll über von alten Kleiderbügeln. Vorwiegend hölzerne waren es, und auf allen stand gut lesbar unser Familienname. Der Grund dafür war nicht einmal meinem Vater bekannt, obwohl er sie vermutlich irgendwann allesamt angeschafft und persönlich beschriftet hatte. Fest stand für ihn lediglich, daß sie fort mußten, bevor sie zur Brutstätte von Ungeziefer wurden. Deshalb machte ich, um ihn ein wenig zu entlasten, ein Unternehmen ausfindig, das auf den Abtransport alter Kleiderbügel spezialisiert war. Ein Abholtermin in der kommenden Woche wurde vereinbart, und ich durfte mit Recht stolz sein auf den Erfolg meiner Bemühungen.

Auch mein Vater war stolz auf mich und erzählte einer Nachbarin von der bevorstehenden Aktion. Dabei versäumte er nicht, den Umstand der namentlichen Kennzeichnung zu erwähnen. Es zeigte sich, daß die Nachbarin gut mit solchen Dingen Bescheid wußte – sogar erstaunlich gut, muß man sagen. Auf Grund ihres Wissens erteilte sie meinem Vater nämlich den dringenden Rat, unter allen Umständen unseren Familiennamen spurlos von den Bügeln zu tilgen, bevor sie in fremde Hände fielen. Sonst, legte sie dar, wäre es den neuen Besitzern ein leichtes, unsere Anschrift festzustellen, indem sie den Namen im Telephonbuch nachschlugen.

Welch furchtbare Vorstellung! Es fiel nicht schwer, sich auszumalen, was das alles nach sich ziehen mußte. Die feindliche Macht würde rund um die Uhr das Haus observieren, um Übergriffe zu planen, und womöglich verderbenbringende Strahlen auf uns richten. Weder der einlaufenden Post noch Strom oder Wasser dürfte man dann trauen. Die Nächte wären fortan eine besonders gefährliche Zeit, Schlaf fände nicht mehr statt. Buchstäblich alles, nur nichts Gutes, konnte geschehen. Außerdem erfuhr mein Vater von der Nachbarin, daß an der Spitze derjenigen, deren Terror uns drohte, ein uralter Graf stand. An die siebzigtausend Jahre sollte er zählen, dank eines regelmäßig eingenommenen Wundermittels jedoch nur wie siebzig aussehen. Mühelos zwischen den Planeten hin und her pendelnd, schaffte er alle alten Kleiderbügel, deren er habhaft werden konnte, von der Erde zum Mars. Darüber, was dort mit ihnen geschah, konnte nur spekuliert werden. Ganz gewiß aber war es etwas, dessen Endzweck weit über die individuelle Gefährdung unserer Familie hinausging und in völliger Vernichtung der Zivilisation bestand.

Nachdem ich mich vom ersten Schock erholt hatte, versuchte ich, mich dem Problem vernünftig und mit den Mitteln der Logik zu nähern. Ich kam zu der Überzeugung, daß es überhaupt nichts brachte, sich der aberwitzigen Mühe zu unterziehen, die Beschriftung der Kleiderbügel zu entfernen. Mein Hauptargument lautete: »Der Graf braucht nur die Abholer zu fragen. Die wissen unsere Adresse doch sowieso, ob nun der Name auf den Dingern steht oder nicht.« Doch von diesem Gedankengang ließ sich mein Vater nicht nur nicht überzeugen, sondern er geriet obendrein in großen Zorn. Die Strafe für meine ketzerische Klugscheißerei war, daß ich zwei Tage damit verbringen mußte, unseren Familiennamen mit Sandpapier von sämtlichen Bügeln zu schmirgeln.

Die handgeschöpfte Hoffnung

Krankenkellnerin

Die Kellnerinnen in meiner Stammkneipe verfügen über eine abgeschlossene Krankenschwesternausbildung, so daß sie im Bedarfsfall zwar nicht meinen Leichnam hübsch herausputzen könnten, aber jederzeit imstande sind, mich pflegerisch zu versorgen. Zudem hat der Wirt früher ein paar Semester Medizin studiert, und das gibt mir die Gewißheit, wirklich in guten Händen zu sein. Seit die Gastronomie infolge des Rauchverbots darniederliegt, kommt gedachter Kneipe das zweite Standbein sehr zugute, und die Medizin ist inzwischen sogar dabei, dem Alkoholausschank den Rang abzulaufen. Das Angebot wird zusehends breiter, neuerdings werden Stammgäste sogar schriftlich zu Vorsorgeuntersuchungen eingeladen. Die offenkundig unter Alkoholeinfluß verfaßten Einladungstexte stellen durch eine so sinnfällige wie geschickte Verflechtung von Stil und Inhalt die gelungene Kombination der vorerwähnten, ursprünglich eher gegensätzlichen Bereiche dar. Zudem ist die Art und Weise der Formulierung eine hochvertrauliche, wodurch das Bewußtsein gegenseitiger Verbundenheit gestärkt wird. Na, wie auch immer, irgendwie muß ich wohl zugestimmt haben und werde gemeinsam mit einer der Kellnerinnen in ein Krankenzimmer eingemauert. Die Klinik, in der sich dieses Zimmer befindet, soll zu einem bestimmten Zeitpunkt gesprengt werden, daher besteht die besondere Herausforderung darin, vorher noch hinauszugelangen. Dazu bleibt uns nur der Weg durchs Fenster und die Außenfassade hinunter. Doch zuerst muß ich gesund werden. Von meinem Sterbebett aus unterhalte ich mich, wenn meine Kraft dazu reicht, mit der Krankenschwester.

»Ist es hier nicht ein wenig einsam für eine Frau wie Sie?« frage ich. »Durchaus nicht«, antwortet sie, »seit Sie wieder bei Bewußtsein sind, brauche ich mich nicht mehr mit dem Wasserhahn zu unterhalten.«

»Ist es nachts nicht unheimlich? Haben Sie keine Angst?« – »Eigentlich nicht. Im äußersten Fall, wenn zum Beispiel der Wasserhahn frech guckt, dreh ich mich einfach um.«

Dann muß ich wieder die Augen schließen, denn ich ertrage die dreisten Blicke des Wasserhahns nicht länger.

Nach einer Woche äußere ich den Wunsch nach einem Glas Wein.

»Ich will doch mal nachsehen, ob die Getränke in den Flaschen alle tot sind«, sagt die Krankenschwester, die sich so schnell nicht unterkriegen läßt. Sie holt alle Flaschen unter meinem Bett hervor. Wenig später atmen wir erleichtert auf: die drahtlose Wirkung der Getränke ist erhalten geblieben, sie ist eindeutig noch von großer Heftigkeit! Leider ertrinkt eine verirrte namenlose Fruchtfliege in meinem Wein. Mit geübten Handgriffen fischt die Krankenschwester das tote Insekt heraus. Als ich das Glas ausschütten will, fällt sie mir in den Arm und ruft:

»Den Wein jetzt nicht zu trinken, hieße, unsere Soldaten vor Stalingrad zu verhöhnen!«

Dann muß alles ganz schnell gehen, denn in zehn Minuten wird die Klinik gesprengt.

Aus meiner Museumszeit

Vor einigen Jahren arbeitete ich als Mönch, nein, als Mops, Entschuldigung, als Aufseher beim Museum. Ich trug eine museumsreife Uniform und hatte aufzupassen, daß in den Ausstellungsräumen nichts weg- bzw. hinzukam. Insbesondere mußte ständig der Pächter des Museumscafés daran gehindert werden, seine mit unbeschreiblichen Dingen gefüllte Glasvitrine in der Nazarener-Abteilung aufzustellen. Es waren himmelschreiende Objekte darin, die Titel trugen wie *Rektal vivat, Feudalgreuel, Gamla mök* oder *Heydrich hat schon wieder sein kurzes Röckchen an, man kann alles sehen*. Um sich zu rechtfertigen, behauptete der Mann, alles, was er in der Vitrine zeige, sei dem Hüftleiden der Museumsdirektorin nachgebildet.

Doch auch andere Dinge prägten meinen Arbeitsalltag. So fand sich eines Tages völlig unverhofft ein Leihgeber ein und brachte ein hübsches neues Fliegengestell.

»Seht das hübsche Fliegengestell!« rief ich. In der Tat hatte ich schon immer eine Schwäche für längliche Dinge gehabt, ob mit Klumpen daran oder auch nicht. Diese Schwäche rührte noch von meiner Zeit bei den Indianern her. Das hübsche Fliegengestell erinnerte mich an die Zelte, die wir damals gehabt hatten und die immer so leicht zusammengebrochen waren. Deshalb erkundige ich mich beim Leihgeber nach der Standfestigkeit des Fliegengestells, ein unerwünschtes Zusammenklappen von Indianerzelten mit den Mundwinkeln nachahmend.

Der Leihgeber rüttelte an den Stäben und dröhnte: »Da können Sie gebarlachte Kilowäsche dranhängen! Sogar nach elf!«

Das mußte ich unbedingt der Museumsdirektorin erzählen, bevor sie es aus der Presse erfuhr. Ich riß dem Leihgeber das Fliegengestell aus der Hand und lief damit zur Dienstwohnung der Direktorin. Die Tür stand offen, aus dem Innern der Wohnung tönte es:

»Von Haus aus habe ich eine Vorliebe für verdrehte Dreiecke und Propeller.«

»Hat das mit Ihrer Zeit bei den Indianern zu tun?« fragte ich die Direktorin.

»Quatsch«, wurde ich schroff belehrt, »ich war nie bei den Indianern.«

Das reichte mir. Wenn sie nie bei den Indianern war, wollte ich lieber gehen. Das Fliegengestell leugnete ich. Es war eine typische Reaktion auf eine typische Situation. Und ich rief auch etwas. »Ich geh nach Hause«, das waren genau meine Worte.

»Ja, geh nur«, rief es von drinnen, »ich bin schon da und sitz auf deinem Lieblingsbecherchen!« Und da sitzt sie heute noch.

Nachtrag: Um 15 Uhr 43 kommt mein neues Gehirn mit dem Sonderzug. Zu diesem Anlaß gibt die Post eine Sondermarke heraus!

Bachs Bleistift

Endlich bin ich so weit, daß ich diesen Bleistift benutzen kann. Ich mußte größte Hemmungen überwinden, mich von meinem bisherigen Leben lossagen, Frau und Kinder verlassen, alles aufgeben und an einen abgelegenen Ort ziehen. Nun habe ich schon ein paar gerade Striche mit dem Stift gezogen, am Lineal entlang, aus Ehrfurcht vor Bachs Fugenwerk.

Bach hat das erste seiner Brandenburgischen Konzerte nicht nur mit diesem Bleistift, sondern auch auf diesen Bleistift geschrieben. Das Nachdenken über einen so schwer faßlichen Tatbestand und den ihm zugrundeliegenden schier unvorstellbaren Vorgang hat unter anderem Douglas Hofstadter seinerzeit dazu gebracht, das berühmte Buch *Goedel, Escher, Bach* zu verfassen (eine dem Stift beigefügte, notariell beglaubigte Expertise belegt es). Zum Glück hat Hofstadter das dicke Buch nicht mit diesem Bleistift geschrieben, sondern am Computer getippt. Den Stift hatte er zu diesem Zeitpunkt schon verärgert weggeworfen, weil er, wie er einmal zu Protokoll gab, fürchten mußte, »irre zu werden an dem Scheißding«. So konnte der wertvolle Gegenstand auf nie zu rekonstruierenden Umwegen eines Tages zu mir finden. Als ich mich einmal in einer schwierigen Lebenssituation befand, schenkte ihn mir jemand. Die Identität des Schenkenden ist ebenso in Vergessenheit geraten wie die näheren Umstände der

Schenkung. In meiner damaligen Lage konnte ich weder die Zeit noch die Kraft erübrigen, mich dem außergewöhnlichen Präsent zu widmen, und nachdem ich es ein paarmal ehrfürchtig zur Hand genommen und betrachtet hatte, ruhte es für einige Jahre in einer Schublade voller Gerümpel. Während dieser Jahre beschäftigte ich mich mit ganz anderen Dingen, und so konnte es nicht ausbleiben, daß auch der Bleistift in Vergessenheit geriet. Über diese ganz anderen Dinge, mit denen ich mich seinerzeit beschäftigte, ist in gewissen Kreisen viel spekuliert worden. Goedels Grammophon war da ebenso im Gespräch wie Eschers Ersatzhemd, doch beide Vermutungen waren gründlich falsch, denn so einfach lagen die Dinge nicht.

Wer an dieser Stelle verständlicherweise keine Neigung mehr empfindet, die Geschichte weiterzuverfolgen oder zumindest eine Pause zur Verarbeitung der Eindrücke einlegen möchte, kann ja ein wenig kochen. Ich hätte dafür vollstes Verständnis, koche ich doch selbst beinahe jeden Tag ein wenig: Eßbare Dinge müssen besorgt, zerlegt und irgendwie unter Hitzeeinwirkung neu kombiniert werden. Hier empfiehlt sich die schriftliche Ausarbeitung eines präzisen Plans (Rezept). Dazu braucht man Schreibgerät, etwa einen Bleistift. Wen wundert es also, daß ich in genau dieser Lage die Gerümpelschublade nach einem Kugelschreiber durchwühlte und wieder auf Bachs Original-Bleistift stieß! Beim Anblick des darauf notierten Brandenburgischen Konzerts fiel mir alles wieder ein. Ich vergaß das Kochen und begann, gerade Striche zu ziehen. Damit habe ich aber sogleich wieder aufgehört, denn mir wurde klar, daß jeder Gebrauch des Stifts unweigerlich zum Anspitzen führen muß, wodurch Bachs Autograph der Partitur nach und nach vernichtet wird. Ich werfe das Scheißding zurück in die Gerümpelschublade. Damit ist dieses Thema erledigt.

Essen und Trinken

Der Mann, den man früher so oft gesehen hat, war wieder auf dem Bürgersteig unterwegs. Neben ihm schwebte im Abstand von vierzig Zentimetern die senkrechte, fast mannshohe Planke, die auch früher schon immer neben ihm geschwebt hatte. Es kam der Moment, da eine andere, fremde Planke mitten im Weg stand. In ihr war ein etwa aprikosegroßes Loch, so daß der Blick des sich nähernden Mannes hindurch fiel. Der Himmel war eine endlose Baustelle.

Eine Frauenstimme rief etwas. Der Mann drehte sich verblüfft um. Eine Frau sah aus dem offenen Fenster eines LKW, von ihrem Mund lösten sich noch vereinzelte Schwaden eines unverständlichen Ausrufs. Der Mann ging vorsichtig zu ihr, die Planke unverändert zur Seite. Jetzt erkannte er die Frau im LKW als seine Jugendfreundin Berten Anna. Er stieg ein, die Planke mußte draußen bleiben.

Der Mann machte den Eindruck, mit dem Ordnen seiner Gedanken und Erinnerungen beschäftigt zu sein, und Berten Anna hielt es für besser, ihn nicht zu bedrängen. Mit einemmal sprach er: »Berten Anna, entschuldige bitte, aber was um alles in der Welt ist Nahrungsaufnahme? Ist es etwas, das für mich in Frage kommt? Wenn ja, wie gehe ich dabei vor?«

Besorgt sah Berten Anna seinen Kopf an, indem sie eine Rauchwolke ausstieß. Da fiel ihr ein, daß sie sich gar keine Zigarette angezündet hatte, aber nun war es zu spät. Endlich sagte sie: »In den letzten Jahren wurden Futtergefäße nach modernen Gesichtspunkten entwickelt, die nicht sofort die Futteraufnahme verleiden.«

»Was kannst du mir über diese Dinge sagen? Wie nehme ich beispielsweise Futter zu mir?«

Berten Anna erklärte es ihm mitleidig, der Mann schrieb sich alles auf und sprach die Worte laut mit.

»Du mußt deinen Futterkasten …«, begann die alte Freundin.

»Futterkasten«, wiederholte der Mann.

»… hinter das Fenster stellen.«

»Fenster stellen. Weiter?«

»Deine Zunge sollte dabei in die Tülle der Flasche eingestülpt sein.«

»Sein.«

»Von der Straße aus wirst du bald an deinem prallen Hinterleib (vor allem aber an der Drüse) zu erkennen sein.«

»Gut. Und was ist mit dieser Sache, die sie Trinken nennen?«

Berten Anna setzte den Mann und seine Planke daheim ab und brachte ihm das Trinken bei. Dabei ging sie Schritt für Schritt nach dem Lehrbuch vor:

1. *Einfüllen des Getränks;*
2. *Nachschenken;*
3. *Ansetzen und Wenden des Glases, dabei einen Schwamm auf die Leber pressen;*
4. *Kräftiges Durchschwenken des Glasinhalts;*
5. *Aufsetzen des Glases mit der Öffnung nach unten auf die Trinkvorrichtung.*

Dann ließ sie ihn erst einmal allein, damit er in Ruhe üben konnte. Er saß auf dem Fußboden und überlegte, ob er in seine Planke nicht auch ein Loch bohren lassen sollte. Die Planke selbst hegte ähnliche Gedanken, denn sie bestand plötzlich eifersüchtig darauf, ein Loch gebohrt zu bekommen. Schließlich erlag der Mann der Versuchung, das Rauchen zu erlernen, um den Rauch durch das Loch in der Planke blasen zu können. Ausschlaggebend dafür war ein Satz, den er in einem anderen Lehrbuch gelesen hatte, und der ihm nicht mehr aus dem Sinn ging:

»Wer Raucher ist, zündet sich einfach eine Zigarette an.«

Fußschalter

An dieser Stelle möchte ich allen danken für meine Wiederwahl zum Prokuristen der Sebaldschen Fußschalterwerke. Zuerst wollte ich die Wahl nicht annehmen (wegen der Steuer), dann ließ ich mich doch erweichen. Jeden Morgen muß ich nun zu dem zugigen Hangar auf dem Eisfeld, wo der Fußschalterstützpunkt ist. Den Stützpunkt muß man sich als der Fabrik vorgelagert vorstellen, obschon beide in dem Hangar untergebracht sind, wo auch ich ein kleines Büro habe. Dieses Büro, eigentlich bloß ein Kabinettchen, ist so klein, daß man meinen möchte, ich paßte nur ohne meine Prokura hinein und müßte sie vor dem Eintritt jedesmal ablegen. Aber so verhält es sich in Wirklichkeit natürlich nicht. Gerade im Büro brauche ich doch meine Prokura! Wie könnte ich sonst pausenlos etwas unterschreiben, und zwar dauernd etwas anderes! Ein Außenstehender macht sich keine Vorstellung davon, wie vielfältig meine Aufgaben sind. Worum muß ich mich nicht alles kümmern! Und was muß ich nicht alles wissen! In erster Linie muß ich natürlich mit den unterschiedlichen Eigenschaften der Fußschalter vertraut sein. Behaupte nur niemand: »Fußschalter ist Fußschalter.« Kein Fußschalter ist wie der andere. Das Spektrum ist enorm, schier unüberschaubar. Man kann sich auf nichts verlassen.

Doch nicht ausschließlich für solche produktionstechnischen Fragen bin ich zuständig. Auch die Firmenphilosophie fällt in meinen Tätigkeitsbereich und selbstverständlich die Geschichte des Unternehmens. Unser Seniorchef, der alte Sebald, hat es einst gegründet, nachdem er selbst große Schwierigkeiten beim Kauf eines Fußschalters gehabt hatte. Kürzlich ist mir Ähnliches widerfahren, als ich einen Fußschalter bei einem bekannten Versandhaus bestellen wollte (ich vergesse manchmal noch, daß ich ja sozusagen selbst welche herstelle). Es ergaben sich enorme Probleme, an denen zuletzt die ganze Bestellung scheiterte. Zum Glück war beziehungsweise bin ich letztenendes nicht auf solche Bestellungen angewiesen.

Es gibt da allerdings noch etwas. In dem Landstrich, wo wir die Fußschalterfabrikation betreiben, haben die Mädchen sehr große Penisse. Es ist erstaunlich – derjenige der Frau, mit der ich, na, sagen wir, ein Verhältnis habe, ist größer als mein eigener, wozu allerdings in meinem Alter und meiner Position nicht allzu viel gehört. Nun gut, diese Dinge mögen von einem gewissem Interesse sein, doch Mittelpunkt meines Lebens ist und bleibt der Fußschalter. Da mutet es denn wie ein Hohn an, daß ich, der ich in meiner Doktorarbeit Berechtigung und Bedeutung des Fußschalters im Zeitalter der Fernbedienung herausgestellt habe, neuerdings privat viel stärker zur Fernbedienung neige. Die Wichtigkeit, die letztere für mein Leben gewonnen hat, erschreckt mich nahezu. In einer bestimmten Straße der Nordstadt soll es einen kleinen Laden geben, wo man jede Fernbedienung der Welt bekommen kann.

Ich werde das überprüfen.

Wuppertaler Irritationen

Das Leben in der Stadt war oft irritierend für mich, der ich auf dem Land (genauer: auf der berühmten Gladiolifarm) großgeworden bin. Mit Zwanzig zog ich nach Wuppertal, weil dort das globale Zentrum des Free Jazz war. Damals ist jeder aus diesem Grund nach Wuppertal gezogen. In der Region hat der Free Jazz viele bis zum heutigen Tage bestehende Arbeitsplätze geschaffen, und einen davon bekam ich. »Wo Free Jazz ist, da ist auch massenhaft Geld« hieß es immer, was zweifellos den Tatsachen entsprach. Man verdiente ausgesprochen gut in diesem Bereich. Das war das eine, ein anderes hingegen waren die eingangs schon erwähnten Irritationen, die das Stadtleben mit sich brachte.

Wenn ich abends von der Arbeit in meine Wohnung zurückkehrte, saß immer ein fremder junger Mann vor dem geöffneten Kühlschrank und starrte hinein. Beim ersten Mal fragte ich ihn, was er da tue.

»Ich wohne hier«, gab er mit der größten Selbstverständlichkeit, fast schon beleidigt, zurück.

Kleinlaut meinte ich: »Ich aber auch!«

»Das muß jeder selbst wissen«, lautete der Kommentar des Unbekannten. Dann erhob er sich und verließ die Wohnung.

Künftig traf ich ihn immer vor dem Kühlschrank an, wenn ich heimkam. Der fremde junge Mensch wohnte in meinen Räumen, inmitten all meines Eigentums, so lange ich fort war. Sobald ich nach Hause kam, ging er wortlos. Nie erfuhr ich, was er in meiner Abwesenheit tat. Er schien nichts zu beschädigen oder zu verschmutzen, auch nichts zu entwenden oder hinzuzufügen, so daß ich mich bald beruhigte und an den Zustand gewöhnte. Möglicherweise war so etwas typisch für das Leben in der Stadt, zumal in einer Stadt, die das globale Zentrum des Free Jazz war. Ich mit meiner Gladiolifarm-Sozialisation wollte mir keine Blöße geben und erzählte niemandem von meinem mysteriösen Mitbewohner. Allzu viele Gedanken konnte ich mir überdies sowieso nicht darüber machen, dazu beschäftigte mich die Arbeit, die der Free Jazz machte, viel zu sehr.

Eines frühen Morgens wollte ich vor dem Verlassen des Hauses noch schnell etwas in den Keller bringen. Wie staunte ich, als ich dort auf zwei Schlafsäcke stieß, in denen ebenso viele Personen steckten, eine davon der Mensch aus meiner Wohnung. Die beiden schliefen fest, und ich gab mir Mühe, sie nicht zu wecken. Später sah ich den zweiten Schläfer wieder, er begegnete einem hin und wieder im Stadtbild, unverwechselbar wegen seines umgeschnallten Patronengürtels, an dem ein Pistolenhalfter mit Spielzeugcolt hing. Jedenfalls nahm ich eine Zeitlang an, es handle sich um eine Spielzeugwaffe. Eines Besseren belehrt wurde ich dann im örtlichen Jazzclub, wo ich oft in Gesellschaft einiger Arbeitskollegen die seinerzeit ganz neue Extremhüftemusik von Lupe & Millibar hörte. An einem dieser Abende tauchte der Revolverheld an der Bar auf, zog seine Waffe und begann ohne Warnung, wie verrückt auf die Toilettentür zu schießen, bis dieselbe völlig durchlöchert und zerfasert war. Zum Glück hatte sich drinnen niemand aufgehalten. Der Schütze wurde anschließend vom Wirt hinausgetragen. So war das damals in Wuppertal, der Welthauptstadt des Free Jazz.

Einkaufen

Als ich beim Existieren einmal einen ganz besonders schweren Fehler gemacht hatte, fand ich mich plötzlich in zwei Personen aufgespalten, die sich gegenseitig mit »Sie« anredeten. Geschehen war dies am Kaffeetisch, von dem Ich 1 nun aufstand, um sich unter Menschen zu begeben. Die andere Person, Ich 2, blieb am Tisch sitzen und sagte: »Heute werde ich einkaufen fahren. Ich hab nichts mehr zu beißen.«

»Schön, tun Sie das«, rief Ich 1 von der Tür aus zurück, »guten Einkauf!« Das war sein Schlußwort, nichts sollte ihn mehr aufhalten. Schon war Ich 1 im Begriff, aus der Tür zu treten.

»Ich fahr nach ... äääh ... äh ... nach ... in den Ort«, ging es vom Tisch her weiter. Die vom Sprecher unternommene stimmliche Anstrengung trug der nunmehr eingetretenen räumlichen Entfernung zwischen beiden keinerlei Rechnung. Dies erweckte nicht bloß den Anschein vorsätzlichen Ignorierens, sondern geradezu den einer demonstrativen Mißbilligung des Abschieds von Ich 1. Ich 2 zwang ihn zugunsten eines akustisch besseren Verstehens zur Umkehr. Augenblicklich kochte Ich 1 innerlich vor Wut, war dummerweise aber nicht konsequent genug, einfach hinauszugehen, sondern blieb gegen seinen Willen stehen. Er ballte die Fäuste, kniff die Augen zu und stöhnte verhalten. Hinter ihm überließ sich Ich 2 seelenruhig brutaler Rücksichtslosigkeit: »Da fährt ja ein Auto hin, alle halbe Stunde, immer acht und … äääh … äääh … acht und achtunddreißig. Die Haltestelle ist gleich hier in der Nähe, fünf Minuten zu Fuß, nein, höchstens zehn. Ich geh immer etwas früher. Die Straße lang, runter, links, dann rüber. Man muß rechtzeitig da sein, weil sonst das Auto … äääh … das ist dann weg. Mit dem Auto fahr ich bis zum Kaufmarkt, aber nicht direkt bis vors Haus! Ich könnte auch eine Haltestelle weiter fahren, aber dann muß ich ein ganzes Stück zurück. Ich steig immer vorher aus, dann muß ich noch ein Stück gehen. Da haben sie die Wurst, die ich gern esse. Und das ist was ganz anderes! Wenn ich woanders hingeh, zu … wie heißt das noch … zu … zu … äääh … da gibt es nur abgepackte Wurst. Ja, wer soll das denn alles essen? Für mich allein ist das doch viel zu viel! Dann kriegen das die Vögel, die liegen den ganzen Tag auf der Lauer und sind immer ganz glücklich darüber. Beim Dings, beim, bei … äääh … Wo ich immer einkauf, da kann ich sagen, so und so viel möchte ich von der und der Wurst haben, dann schneiden die Verkäuferinnen das auch so für mich und ich kann das mitnehmen und zu Hause aufessen. Die sind ja immer gottfroh, wenn sie mich sehen, die Verkäuferinnen. ›Guten Tag, Herr Egner‹, sagen die dann, ›das ist aber schön, daß Sie mal wieder hier sind.‹ Am liebsten esse ich ja die, wie heißt die, die … äääh … Jetzt komm ich nicht auf den Namen. Ungefähr so ein Stück, nein, so, nehm ich davon immer. Im Kühlschrank hält das eine Woche lang. Heute abend können Sie auch was davon haben!«

Heute abend? Auch noch Wurst essen mit dieser

defekten Abspaltung? Eine empörende Vorstellung! Ich 1 hoffte stark, bis zum Abend werde der Spuk vorbei und von Ich 2 keine Spur mehr übrig sein. Jedoch würde sich diese Hoffnung auch erfüllen? War sie überhaupt realistisch?

Meine frühe Zeit auf der Gladiolifarm

Heutzutage fühle ich mich hin und wieder wie ein dicker Amerikaner, von dem man inzwischen weiß, daß er so dick ist, weil er sehr viele Nahrungsmittel verzehrt, die es offiziell nicht gibt und deshalb nicht zählen, ihn aber nichtsdestoweniger nähren. Immer, wenn ich mich so fühle, möchte ich von meiner Zeit auf der Gladiolifarm berichten. Es war eine frühe, gute Zeit, glaube ich. Vielleicht belügen oder betrügen mich da aber auch die Tiere, die meine Erinnerungen machen. Mit Tieren muß man sehr vorsichtig sein, vorsichtiger noch als mit Blumen. Tiere waren zum Beispiel schuld am Rheuma des Erzbischofs. Man weiß nicht genau, was sie taten, um die Erkrankung auszulösen, aber an ihrer Urheberschaft besteht kein Zweifel. Auch uns auf der Gladiolifarm spielten sie gelegentlich übel mit – Tiere aßen unsere Noten, unsere Hausschuhe aus Fernost und unsere Fahrkarten.

Bevor ich hier über die Zeit auf der Gladiolifarm berichte, möchte ich der Leserschaft noch schnell meine derzeitige Lieblingsszene mitteilen (ich habe sie mir selbst ausgedacht). Sie ist ganz kurz und geht so:

»Der Stabsarzt beugte sich zum Rasen hinab. ›Ich kann dem Stadion nicht helfen‹, hauchte er. Der Vorstand schluchzte.«

Ist es nicht verblüffend, welche wilde Kraft und Poesie in diesen wenigen Sätzen liegt? Welche Welt

sich da eröffnet! Ich muß mir, bevor ich weiterschreiben kann, unbedingt ein Butterbrot zubereiten.
(*Bereitet sich ein Butterbrot zu.*)
(*Kauend*) Auf der Gladiolifarm verbrachte ich meine Kindheit im Licht wertvoller Glühbirnen. Von Zeit zu Zeit wurde ich in die Welt hinausgeschickt, um unter abenteuerlichsten Umständen neue zu besorgen. Dereinst, wenn die Tiere mit meinen Erinnerungen an die Glühbirnen-Beschaffungsaktionen fertig sind, werde ich diese niederschreiben und veröffentlichen. Einmal, das weiß ich jetzt schon, entdeckte ich in einem großen Elektrofachgeschäft alle Glühbirnen, die wir damals auf der Gladiolifarm brauchten. Doch das ist, wie gesagt, eine andere Geschichte. Zu jener Zeit, von der hier die Rede ist, hielt ich mich nach Möglichkeit im Bereich des Kunstlichts, also in geschlossenen Räumen, auf und mied das direkte Sonnenlicht. Das erschwerte meinen pflichtgemäßen Umgang mit den Blumen, die draußen in der Erde wuchsen. Ich hatte eine große Abneigung dagegen, das Haus zu verlassen, was ich hätte tun müssen, um die Blumen zu düngen. Man ließ mich im Schein der Glühbirnen aufwachsen und erwartete von mir, daß ich dafür die Blumen mit Nährstoffen versorgte. Ich tat es aber nicht, habe daher an die Blumen keine besondere Erinnerung. Möglicherweise wurden die Blumen auch sowieso von den Tieren gefressen.

Woran ich mich besser erinnere, ist der Stabsarzt. Er kam alle paar Monate auf die Farm und bückte sich zu den Blumenbeeten hinab. Was er dabei sprach, weiß ich nicht mehr, aber er prophezeite von Anfang an, ich werde einmal viel essen müssen, und behielt nachweislich recht. Irgendwann aßen ihn die Tiere. So mußte er wenigstens nicht mehr erleben, wie ich heutzutage zahllose inoffizielle Nahrungsmittel zu mir nehme und mich infolgedessen manchmal fühle wie ein dicker Amerikaner.

Autorität

In meiner Eigenschaft als beeidigter Sachverständiger hatte ich zwecks Gutachtenserstellung einen schweren Maschinenbruch bei einer großen Firma inspiziert und verließ am Abend erschöpft das Werksgelände. Als ich mich meinem auf der anderen Straßenseite geparkten PKW näherte, mußte ich mit jähem Schrecken erkennen, daß mit dem fast fabrikneuen Fahrzeug etwas nicht in Ordnung war. Aufgeregt lief ich hin und entdeckte einen kleinen Jungen, der sich, wie es schien, daran zu schaffen machte.

Ich rief: »Was machst du da, Saubengel? Wenn du mir den Lack verkratzt ...«, doch da sah ich schon die ganze Bescherung. Es war so unfaßbar, daß es mir fast den Verstand raubte. Mit einer Stimme, die mir selbst fremd vorkam, schrie ich: »Das kostet dich dein Scheißleben, du wahnsinnige Bestie!«

Jemand faßte mich von hinten beim Arm, eine Frauenstimme sagte: »Bitte mäßigen Sie sich!«

Ich wandte mich wutschnaubend um, neben mir stand eine gutaussehende junge Frau mit einem Tretroller an der Hand.

»Mich mäßigen?« fuhr ich sie an. »Mischen Sie sich lieber nicht ein! Ich schlag ihn tot! Ich schlag ihn auf der Stelle tot!«

Doch sie hielt mich an der Jacke fest: »Halt! Das ist mein Sohn! Es ist *sein* Tretroller, den ich schiebe!«

Verblüfft starrte ich das so unschuldig aussehende

Kinderfahrzeug an. Einen Rest Selbstkontrolle besaß ich noch, denn anstatt den Roller an mich zu reißen und seinen Besitzer damit zu erschlagen, ließ ich meinen Zorn verbal an der aus, die sich als Erziehungsberechtigte ausgab: »Ihr Sohn ist das? Da gratuliere ich aber! Sehen Sie sich an, was er mit meinem Auto gemacht hat! Es ist völlig zerstört, irreparabel! Ein Totalschaden! Womit soll ich jetzt nach Hause fahren?«

Die junge Frau antwortete mir nur mit einem überaus strengen Blick. Plötzlich kam ich mir wie ein Trottel vor und schämte mich für meinen Wutausbruch. Um nichts in der Welt wollte ich einen schlechten Eindruck auf die Frau machen. In der Absicht, um Verständnis für meine »emotionale Entgleisung« zu werben, berichtete ich von dem Maschinenbruch, von dem unvorstellbaren Bild der Verwüstung, das ich mir den ganzen Tag hatte ansehen müssen. Ich schilderte, wie die Atmosphäre solch immenser Schadhaftigkeit mein inneres Gefüge bedroht hatte, wie ich hatte fürchten müssen, alle Fähigkeiten einschließlich der des Autofahrens und der Gutachtenerstellung einzubüßen. Die Mutter ließ mich zappeln und sagte kein Wort dazu. Da geriet ich in Panik: »Vielleicht wird Ihr Sohn auch einmal Sachverständiger und begutachtet noch viel größere Schäden als ich. Er ist zweifellos technisch interessiert.«

Sie vergaben mir. Großmütig liehen sie mir sogar den Tretroller, damit ich nach Hause fahren konnte. Ich wollte ihn dann schon ganz dreist als Ersatz für das ruinierte Auto behalten, aber mein Chef meinte, damit könne ich unmöglich in den Außendienst.

Die Braut

»Ist Ihr Aufenthalt geschäftlicher oder privater Natur?« fragte die Dame an der Rezeption, nachdem Kramp ihr das, wie ihm nun auffiel, nicht vollständig ausgefüllte Anmeldeformular zurückgereicht hatte.

Er geriet in Verlegenheit, überlegte und brachte schließlich unsicher hervor: »Ich ... wir sind auf Hochzeitsreise hier.«

Die Empfangsdame sah ihn an, als ob sie nicht richtig verstanden hätte, und Kramp versuchte es anders: »Ich brauche Urlaub, mein Zustand ist bedenklich, deshalb kommen wir her, meine Braut und ich.«

Daraufhin warf die Empfangsdame einen überraschten Blick auf das Formular, stutzte und wollte wissen, wo die Braut denn sei.

»Das frage ich mich allmählich auch«, antwortete Kramp.

Er ging zuerst einmal auf sein Zimmer und dachte nach. Aus dem Nebenzimmer waren Schritte und ein leises, unverständliches Gemurmel mehrerer Stimmen zu hören. Ja, wo war sie, die Braut? Kramp rief die Rezeption an und verlangte, der Hoteldetektiv solle nach seiner Braut suchen. Ihm wurde zugesichert, alle erforderlichen Schritte würden umgehend eingeleitet. Damit zunächst einigermaßen zufriedengestellt, doch nach wie vor ratlos, nahm Kramp im Sessel Platz und rauchte. Aus dem Nebenzimmer waren immer noch Schritte und Stimmen zu hören.

Wurde da nicht an die Wand geklopft? In der Tat, nebenan klopfte jemand wieder und wieder an die Wand. Kramp rief noch einmal die Rezeption an und meldete, daß fortwährend an die Wand geklopft wurde. Im Nebenzimmer sei angeblich einmal jemand ermordet worden, hieß es daraufhin, vielleicht habe das Klopfen damit zu tun. Sehr befriedigend fand Kramp diese Auskunft, nach der sogleich wieder aufgelegt wurde, nicht gerade. Er sah es als notwendig an, selbst hinüberzugehen, um nachzusehen.

Wie er beim Öffnen der unverschlossenen Tür sah, war der Raum leer. Es gab jedoch im Moment Wichtigeres als leere Räume, Kramp mußte seine Braut finden. Er schloß sorgfältig ab und ging in den Garten hinunter. Der Hoteldetektiv wartete schon auf ihn. Da Kramp wenig Lust hatte, von sich und seinen nicht zum Besten stehenden Verhältnissen zu berichten, trachtete er, einer etwaigen Frage nach seinem eigenen Befinden zuvorzukommen, indem er sich schnell erkundigte: »Und woran arbeiten Sie zur Zeit?«

Der Detektiv sprach davon, daß er beauftragt worden sei, Kramps Braut zu suchen, das sei gegenwärtig sein einziger Fall. Er versprach, sein möglichstes zu tun. So verblieb man fürs erste und ging hoffnungsvoll auseinander.

Auf seinem Zimmer dachte Kramp weiter nach. Durch die Wand zum Nebenzimmer drangen unausgesetzt Stimmen und Schritte herüber. Es wurde Abend, ohne daß Kramp etwas von seiner Braut oder dem Hoteldetektiv hörte. Er ging zur Rezeption hinunter, die er jedoch verwaist fand. Die Küche war geschlossen, der Aufenthaltsraum menschenleer. Langsam stieg er wieder zu seiner Etage hinauf. Vor der Tür des Nebenzimmers blieb er stehen, da er auch jetzt Stimmen und Schritte darin hörte. Diesmal war abgeschlossen, und Kramp kehrte in sein Zimmer zurück. Er mußte sich sehr wundern, denn ganz fremde Leute lagen in seinem Bett.

Meine Entzückungsverfügung

Meine Entzückungsverfügung! Wo ist meine Entzückungsverfügung? Bringt mir meine Entzückungsverfügung! Früh am Morgen werde ich wach, mein erster Gedanke ist: Gleich krieg ich meine Entzückungsverfügung! Ich stehe munter auf, erledige tausend Dinge, alles ohne Entzückungsverfügung. Jetzt kommt sie gleich, sage ich mir immer wieder und halte tapfer durch. Stunden, endlose, entzückungsverfügungslose Stunden vergehen. Endlich: Sie kommt! Ich bin außer mir, reiße die Tür auf – aber nein, sie ist es nicht. Es ist durchaus lieber Besuch, der da kommt, aber ich hätte ihn doch viel lieber im Besitz meiner Entzückungsverfügung empfangen. Dem Besuch ist es egal, er ist von der Art, daß es ihm sogar egal ist, ob er mich oder jemand anderen besucht. Mit dem strengen, petrochemischem Geruch, den ich zu meinem Kummer an ihm wahrnehmen muß, schafft er vollendete Tatsachen. So wird ab jetzt ausnahmslos alles an diesem Tag riechen, meine Hände, das Essen und der ganze Rest. Es heißt, der Geruch werde nach einiger Zeit abnehmen, vielleicht sogar vergehen. Aber was nützt mir das jetzt? Hätte ich doch meine Entzückungsverfügung! Wo sie nur bleibt? Ich weiß ganz genau, wenn ich sie hätte, wäre der Besuch noch einmal so schön. Ohne jeden Zweifel wissen wir uns aufs Interessanteste zu unterhalten, aber ohne Entzückungsverfügung ist es einfach nicht das Wahre. Die ganze Zeit warte ich darauf, daß sie endlich kommt. So geht es nicht weiter. Ich muß dauerhaft abgelenkt werden, und das geschieht denn auch mit der folgenden Geschichte:

Ein Mann kann nicht einschlafen. Es treibt ihn schließlich aus dem Bett, und in einer zwanghaften Anwandlung rasiert er sich die Brustbehaarung ab. Danach geht er zu Bett und schläft. Am nächsten Tag, ebenfalls zu einer unsinnigen Uhrzeit, rasiert er seinen Unterleib. Später hätte er nicht angeben können, was ihn dazu brachte. Merkwürdig ist: Als er sich sein Werk dann im Spiegel ansieht, erblickt er darin einen anderen Körper als den seinen. Jener aber bewegt sich exakt so, wie der Mann es von seinem Spiegelbild erwarten darf, und vermittelt ihm die Illusion, sein eigner welker, ramponierter Leib besitze überraschenderweise eine staunenswerte weibliche Attraktivität. Er kann sich nicht erklären, woher dieselbe so plötzlich rühren mag, hatte er mit seiner Physis doch schon längst abgeschlossen. Trotzdem fragt er nicht lange, sondern nimmt das unverhoffte Geschenk dankbar an. Hinter alledem steckt selbstverständlich ein Dämon im Spiegel. Der gibt dem Mann dann noch etliche weitere Schnapsideen ein, kommt zuletzt aber heraus, tötet den Mann und lebt an dessen Stelle glücklich und zufrieden weiter.

Soweit die Geschichte, die mich immerhin so weit zu fesseln vermag, daß ich eine ganze Weile lang darüber nachdenke, was sie wohl bedeuten könnte. Ich fülle mehrere Original-Ringbücher aus den Siebzigerjahren mit filzschreibergeschriebenen Spekulationen. Auf eine vernünftige Erklärung komme ich aber trotzdem nicht. Irgendwann wird mir dann wieder schmerzlich bewußt, daß ich ja auf meine Entzückungsverfügung warte. Als sie endlich kommt, werfe ich sie sofort samt dem Besuch in die Mülltonne.

So rein, so weltberühmt!

Keine Wurst auf dem Propellerberg

Der Sonntagnachmittag gehört der Umrundung des Propellerbergs. Vom Ausgangspunkt ausgehend, beginnen wir damit: Runde um Runde. Früher oder später müssen wir, von der anderen Seite her, wieder an diesen Punkt zurückkehren. So will es die Natur. Im Grunde befinden wir uns von Anfang an auf dem Rückweg, und das gibt uns Mut und Kraft zum Weitergehen. Die Umrundung entpuppt sich dann aber als die reinste Besteigung. In Spiralwindungen steigen wir immer höher! Diese Erkenntnis preßt uns unterdrückte, dumpfe Aufschreie ab, wieder und wieder schlagen wir uns, ein jeder sich selbst, mit den Fäusten an die Stirnen. Hoch über uns gewahren wir den gigantischen Propeller, der dem Berg seinen Namen gibt (Namensgebungspropeller). Wer hat ihn hier so hoch, so stolz aufgestellt? Das fragen wir uns, eine Antwort darauf haben wir nicht. Der Propeller dreht sich langsam und erzeugt damit einen Lärm, daß der ganze Wald in Gefahr gerät. Im Namen der Bäume schütteln wir unsere Fäuste und drohen zum Propeller empor. Völlig unbeeindruckt steht er da und lärmt weiter. Der Himmel, der ihm dabei als Hintergrund dient, heißt »Propellerhimmel«.

Um den Gipfel schart sich eine unerwartet große Menschenmenge. Zahllose Frauen, Männer und Kinder in Winterkleidung (es ist inzwischen Winter geworden) sitzen auf Bänken, andere drängen sich um eine festspielzeltartige Andenkenbude. Wir hoffen, dort etwas zu essen zu bekommen, denn die Anstrengung des Rückwegs, der ja ein verkappter Abstieg ist, liegt noch vor uns. Doch obwohl die Leute ringsum sich gesottene Würste einverleiben, können wir beim besten Willen nicht herausbekommen, woher sie diese haben. Niemand versteht unsere Fragen und Gebärden. An der Andenkenbude heißt es immer wieder, ja, die Vorstellung fange gleich an. Wir vermuten, daß es Wurst nur in Verbindung mit Eintrittskarten zur Vorstellung gibt, und lösen welche. Ein Irrtum, wie sich herausstellt. Ohne Wurst werden wir vom Kassierer in den dunklen, kalten Raum hinter der Kasse gestoßen. Im selben Augenblick fliegt eine Klappe in der Wand auf und die sogenannte Vorstellung beginnt. Wir sehen ein alpenartiges Miniaturpanorama, vor dem ein paar an Bindfäden hängende Lumpenpuppen mittels einer Kurbel erbarmungslos im Kreis herumgeschleudert werden. Ehe wir noch richtig begriffen haben, was los ist, knallt die Luke wieder zu. »Feierabend! Raus!« ruft eine rohe Stimme. Sie gehört dem Kassierer, der herein stürmt, um uns aus dem Zelt zu scheuchen. In der nächsten Sekunde finden wir uns blinzelnd unter den vielen Menschen wieder, die den Gipfel des Propellerbergs umlagern. Sie scheinen schadenfroh zu grinsen, und noch immer verraten sie uns nicht, woher sie die Würste haben. In gerechtem Zorn schütteln wir die Fäuste gegen sie und den Kassierer, bis uns schwindelt. Verbittert und hungrig beginnen wir sodann den Rückweg, der gottlob auch ein Abstieg ist. Dazu lärmt der Propeller wie verrückt. Solange wir in seinem Einflußbereich sind, haben wir Angst, es könne uns jeden Augenblick so ergehen wie den Lumpenpuppen im Zelt. Scheiß Propellerberg!

Baumarktkinder

In der Spirituosenabteilung des Supermarkts traf ich Frau Hübner, die Bundesbeauftragte für Eugenik. Ich fragte sie, was es Neues gebe. Indem sie eine Flasche Rum auf der Nasenspitze balancierte, erzählte sie mir, ihre Behörde habe kürzlich zum Wohle der Gesellschaft beschlossen, etwas gegen die »erschreckende Zunahme auswurfgezeugter Kreaturen in unserem Land« zu unternehmen. Ängstlich fragte ich mich, ob so eine Formulierung wohl politisch korrekt zu nennen sei. Frau Hübner aber nahm einen kräftigen Schluck aus der Flasche, schraubte dieselbe wieder zu und stellte sie ins Regal zurück. Dann fuhr sie fort: »Gleichzeitig soll dem Aussterben der dank Streß und Vergiftung mehrheitlich unfruchtbar gewordenen Deutschen begegnet werden. Ich sage Ihnen auch wie: Aus Hubschraubern lassen wir Anleitungen zum Bau gelungener Kinder über den Wohngebieten abwerfen.«

Während ich staunte, wandte die Bundesbeauftragte ihre Aufmerksamkeit dem polnischen Wodka zu. Ich nahm ihr jedoch die Flasche weg und bestand darauf, daß sie mir technische Details verriet. Worauf basierten zum Beispiel besagte Baupläne? »Grundlage sind die Forschungen des Wissenschaftlers Hagen Reck«, sagte Frau Hübner. »Der hat bereits in den 1960er Jahren mit Hilfe seines Märklin-Baukastens einen voll funktionsfähigen Sohn zustandegebracht. Wegen der vielen geraden Metallteile, Schrauben und Muttern war damals aber ein gewisses ästhetisches Defizit zu beklagen, ein Mangel an Natürlichkeit, wenn Sie so wollen. Inzwischen ist es möglich, wesentlich naturgetreuere Modelle herzustellen. Jede(r) kann sich nach unseren leicht verständlichen Plänen Kinder bauen.«

Mich interessierte, woher man denn die Rohstoffe dazu bekäme, und ich erfuhr, das dazu notwendige Material sei in jedem gutsortierten Baumarkt erhältlich. »Baumarktkinder also«, sagte ich altklug, und Frau Hübner widersprach nicht. Inzwischen waren wir weitergegangen und hatten die französischen Rotweine erreicht. Lässig entkorkte Frau Hübner einen Bordeaux mittlerer Preislage. »Die Bezeichnung *Baumarktkinder* ist noch aus einem weiteren Grunde treffend«, sagte sie zwischen zwei Schlucken, »denn die Bezugsquelle des Baumaterials hat offenkundigen Einfluß auf die Wesensart der neuen Menschen. Sie zeichnen sich allesamt durch einen eklatanten Hang zum Sägen und Hämmern aus.«

Frau Hübner verriet mir, was beim Bau solcher Kinder unbedingt zu beachten sei. Vor allem anderen sei es ganz besonders wichtig, keinesfalls billige Bauteile wie etwa erschütterungsempfindliche Gehirne aus Fernost zu verwenden: »Denn wenn die sich mit den Hämmern auf die Köppe dreschen, geht leicht mal im Sprachzentrum was kaputt, zum Beispiel das *st*. Statt dessen sagen die Kinder dann *g*.«

Um das zu demonstrieren, zog sie ein Baumarktkind aus der Innentasche, haute ihm mit dem Hammer auf den Kopf und fragte es dann: »Wenn du mal stirbst, was soll dann mit dir geschehen?«

Das Baumarktkind erwiderte: »Ich wähle die anonyme Begattung.«

»Da«, sagte Frau Hübner, »das *st* ist kaputt.«

»Bei mir ist kein *g* kaputt«, widersprach das Baumarktkind.

Die Traumdüse

Ein Mann träumte immer wieder, er stehe mit seinem Instrument hinter der Bühne, um in der nächsten Minute mit einigen ihm völlig unbekannten Musikern einen Auftritt zu absolvieren, ohne die geringste Ahnung zu haben, was gespielt werden sollte und ohne irgend etwas zu können. Der Mann war ich.

Nach etwa zwanzig Jahren verspürte ich den Wunsch, den Traum loszuwerden. Es gab nur einen Weg, um dieses Ziel zu erreichen: Ich mußte einen entsprechenden Auftritt gut vorbereitet meistern. Dazu war es erforderlich, Anschluß an eine Musikgruppe zu finden, und Voraussetzung dafür war, daß ich überhaupt ein Instrument spielen konnte. Alle fanden, das Instrument, das am besten zu mir passe, sei der Staubsauger. Das war gewiß keine originelle Idee, doch eine, für die in der Praxis einiges sprach. Beim Staubsauger entfiel von vornherein das leidige Stimmen, was als unschätzbarer Vorteil betrachtet werden mußte. Weiterhin wurde die Bedienung weder durch Kreuzgriffe oder reißende Saiten noch durch Wolfsquinten erschwert.

Eher zufällig bekam ich Kontakt zu zwei Herren, die sich mit dem Gedanken trugen, eine Band zu gründen. Das Projekt war, wie ich bald herausfand, in erster Linie theoretischer Natur. In Ermangelung eines Proberaums traf man sich in der Wohnküche des einen oder anderen und redete über das gemeinsame Vorhaben. Manches Mal saßen wir auf diese

Weise am Tisch beieinander, tranken Kaffee und aßen Industriekuchen. Praktische Musikausübung unterblieb. So kam ich meinem erklärten Ziel natürlich nicht näher. Ohne meine Mitgliedschaft bei der Kuchenkombo zu kündigen, sah ich mich nach etwas anderem um.

Ein weiterer Zufall kam mir zu Hilfe, darin bestehend, daß ein avantgardistisch orientiertes Trio die Vertonung meines Gedichts *Schwirr schwengelt der Kotstreif am Firmament* plante und um mein Einverständnis nachsuchte. Man fragte zudem an, ob ich bereit sei, bei der Aufführung als Rezitator mitzuwirken.

»Nicht nur das«, antwortete ich, »ich bringe auch gleich meinen Staubsauger mit!«

Das nahm man mit Interesse auf, und schon bald fand die erste Probe statt. Mir erschien sogleich alles ganz vertraut, denn wir begannen mit Kaffeetrinken und Kuchenessen. Etwas grundsätzlich Neues erlebte ich, als danach wahrhaftig musiziert werden werden sollte – mit völlig fremden Menschen in mir unbekannten Räumlichkeiten! Wie im Traum hatte ich keine Ahnung, was ich spielen sollte. Bei der ersten Probe klang mein Gedicht wie eine vertonte Steuererklärung. Es war nicht leicht für mich, mein Instrument dem Klangspektrum von Flöte, Violine und Cello zu integrieren. Immer wenn ich den Staubsauger einschaltete, guckten die Damen an den Streichinstrumenten böse.

Das dritte Trio-Mitglied, ein gewitzter Grenzgänger, spielte zu Beginn eine ofenrohrartige Flöte. Bei den nächsten Proben jedoch sagte er vor dem Öffnen seines Koffers: »Ich bin gespannt, was meine Mutter mir heute wohl eingepackt hat.« Und jedesmal kam wieder die ofenrohrartige Flöte zum Vorschein. Der Mann hatte Humor! Er lachte auch herzlich, als ich bei der Uraufführung in Pete-Townshend-Manier die Düse meines Staubsaugers zertrümmerte. Seither träume ich von einer neuen.

E. E.
24.12.2008

Vom erzieherischen Wirken

Ich hatte meine Familie davon überzeugen wollen, daß ich in meinem Alter noch in der Lage war, mit auf den Rücken gebundenem rechten Arm eine hochkünstlerisch geschnitzte Kuckucksuhr zu bauen. Seither lehne ich meist, auf ein im Gesicht angesetztes Brett gestützt, steif im Garten und erzähle wahllos, was die ruinierte Großhirnrinde hergibt, solange sie noch was hergibt. Die meisten in meinem Alter tun das. Manche leiern nur Vorwahlnummern herunter, andere nichts als Schweinereien, bei mir sind es hauptsächlich monologische Erbauungsgeschichten und erzieherisch wirksame Gleichnisse. Ohne Rücksicht auf Kosten oder Folgen (oft genug auch ohne Zuhörer) gebe ich sie zum Besten, bis man mich ins Haus holt.

Eines Vormittags lehnte ich wieder vornübergekippt am Brett. Mein schon dreißigjähriger Sohn (er schreibt seit acht Jahren an einer Magisterarbeit über mich) verließ das Haus durch eine große Luke auf der Rückseite, um ein wenig im Garten zu spielen. Die frische Luft tut ihm immer gut. Ich sehe es gern, wenn er sich im Freien aufhält, solange er nicht mit dem Motorrad durch die Blumenbeete fährt. Wie ich im rechten Augenwinkel wahrnahm (dank meiner gestützten Schräglage war mein Sichtfeld eingeschränkt), hatte er wieder sein Lieblingsspielzeug bei sich, einen dieser unverwüstlichen, sprechenden Gummiköpfe aus Japan, wie sie seit einiger Zeit alle haben mußten. Ich fand, der Bub beschäftigte sich zu viel mit dem Ding und wollte ihm zu seiner Belehrung, nach Art eines Koans, eine nachdenklich stimmende Geschichte aus dem Familienleben erzählen. Sollte er für den Rest seines Lebens lieber versuchen herauszufinden, was um Gottes willen ich ihm damit sagen wollte, als dauernd mit dem leidigen Scherzartikel herumzuhampeln. Also begann ich:

»Jedesmal, wenn Vater ein Hemd anhatte, kam die Tochter und zerriß es.«

Mein Sohn schien unaufmerksam, sein Interesse galt einzig dem Gummikopf in seiner zum Wurf erhobenen Rechten.

»Richtig feste!« rief der Kopf ihm mit täuschend echter Stimme zu, worauf mein Sohn lässig erwiderte: »Kannst du haben.«

Daher unterbrach ich mich und fragte: »Interessiert dich wohl nicht, was ich dir erzähle?«

»Doch, doch«, antwortete er pflichtschuldigst. »Sprich nur weiter, ich hör zu.«

Gleichzeitig warf er den Gummikopf mit aller Kraft an die Hausmauer. In das dabei entstehende Knallgeräusch mischte sich ein fröhliches »Heißa!« aus dem Gummimund des wunschgemäß Behandelten, der, von der Mauer abprallend, in hohem Bogen über uns hinwegflog. Während sich sein Jauchzen in den Lüften entfernte, fuhr ich trotz der Unruhe fort:

»Vater trug also keine Hemden mehr. Doch da zerriß die Tochter seine Hosen.«

Wieder machte ich eine Pause, um die Aufmerksamkeit meines Sohnes zu überprüfen, bevor ich zur

Pointe ansetzte. Mit seinen Eichhörnchenohren und dem weit abstehenden Hosenbund (beides unverkennbare Erbteile der reußischen Linie) sowie mit großen Augen und gespitzten Lippen stand der närrische Junge immer noch am selben Fleck. Obwohl er angestrengt lauschte, galt seine Konzentration weniger denn je meinen Worten.

»Fang mich!« tönte die Stimme des fliegenden Kopfes aus wachsender Entfernung. Sogleich warf sich mein Sohn herum und setzte ihm nach. Weil er sich aus familiären Rücksichten genötigt fühlte, mir den Eindruck zu vermitteln, meine Ausführungen seien ihm nicht vollkommen gleichgültig, rief er im Lauf heuchlerisch über die Schulter zu mir zurück: »Und dann?«

Ehe ich zum Weitererzählen ansetzen konnte, hatte er mein eingeschränktes Blickfeld, höchstwahrscheinlich sogar die Gemarkung, verlassen. Aus großer Distanz hörte ich ihn dem fliegenden Kopf noch etwas nachschreien, die Worte waren aber schon nicht mehr zu verstehen.

Drastikum

Achtung, Achtung, ich erzähle jetzt die Geschichte vom Drastikum. Vorab muß ausdrücklich auf folgendes hingewiesen werden: Ich erzähle die Geschichte *(Drastikum)* nur dieses eine Mal und nur an dieser Stelle. Einen Nachdruck wird es nachweislich niemals geben. Sollte ich später auf den Text angesprochen werden, werde ich jederzeit die Autorschaft leugnen.

Mein Vater lag auf der Treppe und rief: »Hallo!« In seinem Gedärm lagerte ein Mühlstein, den er nicht recht abführen konnte, weshalb nur hin und wieder Kieselsteine aus ihm herausfielen. Der Mühlstein war entstanden, nachdem der Hausarzt meinem Vater geraten hatte, abends statt einer doch lieber zwei verstopfungsfördernde Tabletten zu nehmen. So lautete jedenfalls die Diagnose des Notarztes, der, von der vorliegenden Not angelockt, ins Haus kam und meinen Vater untersuchte. Dabei erzählte er: »Meine Mutter hatte nur einmal im Monat Stuhlgang, wobei sie immer jammerte, dies sei schlimmer als Kinderkriegen.«

Weder mein Vater noch ich hatten als Schüler in Verdauungskunde gut aufgepaßt, so daß uns der Notarzt Nachhilfe geben mußte:

»Der Stuhl muß schließlich nach Absturz in den blinden Teil des Darmes von alleine wieder – wie ein Bergsteiger – mit gekonnter Peristaltik nach oben, um unter dem Herzen sozusagen zur Milz hinüberzukriechen, und dies ist kein Zuckerschlecken!«

Ich bekam Ehrfurcht vor der Schöpfung, in der alles so weise eingerichtet ist. Dann bekam ich den Auftrag, zur Apotheke zu laufen und ein vom Arzt verordnetes Drastikum zu holen. Weil Sonntag war, stand die Apotheke weit draußen vor der Stadt, nein, das stimmt nicht, sie stand schon mitten in der Stadt, aber ziemlich weit von unserem Wohnhaus entfernt. Das hätte sie, wie ich inzwischen denke, an jedem Werktag genau so getan. Die Tür stand sogar weit offen, und ich konnte wie ein Kunde eintreten. Zuerst rief ich: »Hallo!«, dann: »Nein!«, denn in der Person hinter der Verkaufstheke erkannte ich mit Schrecken die Apothekerin. Vor zehn Jahren hatte ich sie glühend bewundert, jetzt konnte ich sie nur noch anhand des Namensschildes identifizieren, das an ihr befestigt war. Sie sah aus wie ihre eigene Großmutter, und am liebsten hätte ich ihr ein drastisches Verjüngungsmittel ausgehändigt, hatte aber nur die Verordnung über das Drastikum für meinen Vater. Sie las den Wisch, nickte wissend mit dem gealterten Kopf und erzählte:

»Meine Mutter hatte nur einmal im Monat Stuhlgang, wobei sie immer jammerte, dies sei schlimmer als Kinderkriegen.«

Erstaunt fragte ich: »Ist der Notarzt Ihr Bruder?«

»Ich werde das überprüfen«, antwortete die Apothekerin. »Hier ist einstweilen das Mittel. Nun lauf schön heim!«

Das tat ich. Kurz bevor ich die Bahn erreichte, die

mich zum Stadtrand bringen sollte, trat mir ein Mädchen in den Weg und verlangte vierzig Cent, um sich Drogen kaufen zu können. Ich hatte aber keine vierzig Cent, und daher verlangte sie:

»Dann mußt du mir geben, was du da bei dir hast.«

Weil sie mich andernfalls auf der Stelle getötet hätte, gab ich ihr das Drastikum. Sie las nur die ersten beiden Buchstaben und triumphierte:

»Das ist ja eine Droge!«

Gierig grunzend schluckte sie das ganze Zeug. Dann zerriss es sie.

Die Rückhaltprogression

Schon oft ist an allen möglichen Stellen von gewissen Schwierigkeiten berichtet worden, hier aber soll es nicht lediglich um Schwierigkeiten gehen, sondern vielmehr um das Eintreten der Rückhaltprogression, welches grundsätzlich und unter allen Umständen ein vollkommen unerwartetes zu sein pflegt.

Bei der Gelegenheit, die hier zur Debatte steht, erfolgte es ausgerechnet in dem Augenblick, als wir versuchten, die Landschaft mit ihrem Reiz einzufangen. Wir wollten soeben die Augen öffnen und die Schönheiten in uns aufnehmen. Die dazugehörigen Hemmungen hatten wir schon überwunden, uns gegeneinander gestellt und durch Kordel gegen Umfallen gesichert. Einer von uns hatte kurz zuvor gesagt: »Nun setzen wir uns erst einmal ruhig hin und schauen in die Landschaft.« Nicht zuletzt deshalb waren wir im Begriff, optisch Besitz von der Umgebung zu ergreifen. Kontemplativ wollten wir Fläche gegen Fläche setzen, eingedenk der Tatsache, daß es die Linie als solche nicht gibt. Unsere Forderungen an die Wirklichkeit hatten wir zurückgestellt. Fast war es wie die Vorstufe zu einem religiösen Geländespiel.

Und genau in diesem Moment trat, wie gesagt, die Rückhaltprogression ein. Ob wir zu der Konfrontation mit ihr bereit oder in der Lage waren, spielte nicht die allergeringste Rolle. Rückblickend muß man sich wundern, über welche Geschicklichkeit im

Anschleichen sie verfügte! In nie aufhörender Virulenz schwamm sie gleichsam durch den Äther an uns heran, tauchte durch unsere gespreizten Beine und fiel lautlos über uns her. Mit der linken Hand erfaßte sie unsere Ellbogen und drückte die Arme aufwärts, dann drehte sie die Arme nach unten. Um einem Gewürgtwerden zu entgehen, wollten wir uns herauswinden, doch sie drehte den Arm dabei weiter. Sie ließ erst los, als wir noch nicht tot waren. Mit allen Mitteln faßte sie uns von hinten, um die Umklammerung von vorn anzuwenden. Eine Hand bekamen wir ins Kreuz, und zwar jeder von uns, gleichzeitig drückte die andere Hand gegen Kinn und Nase. Durch Kopfgriff in Rückenlage machte uns die Rückhaltprogression vollends zu wehrlosen Trotteln.

Die Wirkung war überaus verheerend. Davon erholte man sich nicht mehr. Halbe Kinder wurden zu Greisen. Um uns aus diesem Unglück zu befreien, hätten wir in Seitenlage durch die psychotemporale Substanz einer entschieden übergeordneten Dimension schweben müssen. So aber bewahrte uns nichts vor der Situation, da wir nicht mehr wußten, was wir tun sollten. Wir hatten keine Hilfsmittel wie Brille, Wurlitzer und so weiter. Einen Wald gab es so wenig wie ein Gelände mit Buschwerk oder Gräben zum Verstecken. Auch die Linie als solche gab es, wie wir uns erinnern, nicht. Auf einen Schlag waren wir gefangen, nein, geliefert. Hätten wir zu bestimmen gehabt, hätten wir nicht wir selbst sein wollen. Es war nicht gesund, nicht kräftigend, nicht stimmungsfördernd, dieses Gestoßenwerden durch die Rückhaltprogression, dieses pralle Getroffenwerden, das keine Erschütterung vermied. Rückhaltlos schritt es fort. Man hätte die gesamte Landschaft einer Heilbehandlung unterziehen müssen, doch der Abtransport des Geländes ins Krankenhaus war nicht möglich.

Aus der psychologischen Praxis

Vor kurzem hätte ich noch gesagt: »In der psychologischen Praxis über meiner Wohnung werden täglich Nägel in den Holzfußboden geschlagen«, heute aber weiß ich, daß das nicht korrekt ist. In Wirklichkeit sind die Vorgänge um ein Vielfaches komplexer.

Tagein, tagaus dröhnt und donnert es von oben, als ob das Parkett aufgehackt würde. Ich stelle fest, daß ich in solcher Atmosphäre vor Inspiration absolut sicher bin. Aus dem Text für meine zweite Oper kann auf diese Weise nie und nimmer etwas werden. Wie leicht ist mir dagegen die Arbeit am Libretto zur ersten gefallen! Kein Wunder: Ich hatte es ja auch einem kleinen Mädchen gestohlen! Von Hamburg kommend, hatte ich während einer Bahnfahrt im Großraumwagen direkt hinter dem Kind gesessen, das, um die lange Zeit auszufüllen, seiner Mutter eine spontan improvisierte Oper vortrug. Die Musik war zwar nicht brauchbar gewesen, aber um so mehr der Text! Ich hatte jedes Wort mitstenographiert. Mit dem zu Hause abgetippten Libretto, das ein namhafter Komponist dann vertont hat, bin ich berühmt geworden. Das kleine Mädchen, vertreten durch seine Mutter, hat zwar einmal versucht, eine Plagiatsklage gegen mich anzustrengen, doch war meine rechtliche Position (dank der beteiligten Sponsoren des Projekts) ungleich günstiger.

Spätnachmittags, wenn der Lärm über mir aufhört,

bin ich vor Verdruß zu betrunken, um weiterarbeiten zu können. Wenn also der letzte Patient gegangen ist, habe auch ich Feierabend. Kürzlich kam ich zu dieser Stunde auf den Gedanken, doch einmal durch den Türspalt ins Treppenhaus zu spähen, wer da wohl nach Beendigung der Hammerschlag-Therapie aus der Praxis käme. Mir stockte der Atem, denn ich erkannte sofort das kleine Mädchen, dem ich das Opernlibretto gestohlen hatte! Es war in Begleitung seiner Mutter, die ihm vorwarf: »Du hältst zu viel zurück, du mußt endlich den ganzen Schmerz herauslassen!«

Am nächsten Tag steigerte sich die Aktivität über mir ganz erstaunlich. Als ich zu der bebenden Zimmerdecke aufblickte, sah ich sie von Rissen durchzogen, und erste Putzstücke fielen herunter. Im Treppenhaus stürmten mehrere Personen laut polternd die Stufen hinab. Um mich zu beschweren, lief ich zu meiner Wohnungstür und riß sie wütend auf. Es war niemand mehr zu sehen, also stieg ich zur psychologischen Praxis hinauf. Die Eingangstür stand offen, die Räume waren völlig verlassen. Meine Trunkenheit flößte mir den Mut ein, eine heimliche Inspektion durchzuführen. Ich erstarrte. Zunächst glaubte ich, es käme vom Alkohol, aber nein, am Boden lagen tatsächlich mehrere aus Holz gefertigte Puppen, die niemand anderen darstellten als *mich!* In alle waren zahllose Nägel geschlagen. Diskret zog ich mich in meine Wohnung zurück. Kurz darauf hörte ich wieder Leute durchs Treppenhaus poltern, diesmal aufwärts, und das Gehämmer über mir ging weiter.

Wahrscheinlich hatten sie den Vorrat an Nägeln aufgebraucht und waren in ihrer Panik zum nächsten Baumarkt gerannt.

Sitzung bei Einzeller

Pünktlich um siebzehn Uhr erschien ich zu meiner ersten Porträtsitzung bei Einzeller. »Ähnlichkeit ist Glückssache«, lautete seine Devise, eigentlich hatte er sich auf das Zeichnen von unförmigen Dingen (Klumpstücke, Haufen) spezialisiert, aber Porträts pinselte er halt auch. Da er nach B 4 besoldet wurde, konnte sogar ich es mir leisten, mich von ihm malen zu lassen. Ob ich vorher vielleicht andere Porträts sehen könne, die von ihm stammten, fragte ich ihn. Das ließ sich machen, denn die Personen, die er bereits konterfeit hatte, waren nicht bereit gewesen, die fertigen Bilder zu kaufen.

Stolz zeigte Einzeller mir eine ganze Galerie. Besonders ergreifend fand ich Heydrich in kurzem Röckchen (man konnte alles sehen), das endgültige Sudelblondchen, das Himmelherrgottshuhn und, am allerschönsten, Jesus Umbrella im Schwimm-Mantel.

»Ist das toll?« fragte Einzeller zuletzt.

»Ja«, bestätigte ich aufrichtig, »das ist toll!«

Ich war sehr gespannt, als ich sein Atelier betrat. »Jesus, die vielen Tuben und Pinsel!« rief ich aus. Einzeller winkte ab, das kannte er alles schon.

»Gehen Sie mir weg mit Tuben und Pinseln«, bellte er verächtlich. Um sich Mut zu machen, rief er laut: »Für heute ist das letzte Bild noch lange nicht gemalt!«

Ich setzte mich auf einen Stuhl und machte mein

Porträtgesicht. Einzeller mantschte Farben auf seiner Palette zusammen, und ich konnte nur hoffen, das, was dabei entstand, werde beim Malen nicht zum Einsatz kommen. Da dann aber doch genau das geschah, wurde ich unruhig.

»Stillhalten«, herrschte mich der Maler an. »Mit Hintergrund?«

»Jawohl. Am besten eine Herbstlandschaft«, schlug ich vor.

»So, so, Herbstlandschaft«, brummte Einzeller, »mit Bügelfalten am Himmel?«

»Ja bitte.«

Stundenlang malte er dann auf beiden Seiten der Leinwand, zerbiß Pinsel, trug Ausgleichsmasse auf und gab sein Äußerstes, das Ergebnis war allerdings enttäuschend. Auf dem Konterfei war mein Haaransatz total durchgerutscht, und die Füße waren derart mißlungen, daß die Rhododendren im Vorgarten Hämorrhoiden bekamen.

Die Insekten

Die Insekten hatten den größten Teil von Mutter weggefressen, das Abdomen und die Rückfront (besonders das linke Bein) fehlten schon. Sie mußte sich wohl oder übel auf prothetische Behandlung einstellen. Bei der Ersatzkasse gab man ihr Geld sowie einen Plan, den sie vom Amtsarzt abzeichnen lassen sollte. Letzterer sah den Plan mißtrauisch von hinten und vorne an, schließlich knurrte er: »Der ist zu schwer, den kann ich nicht abzeichnen. Quader oder alte Männer mit Bart sind leicht, bringen Sie mir etwas in der Art.«

Die Insekten, hirnlos wie Insekten, lachten sich schier kaputt, als sie das hörten. Sie waren nämlich nicht einfach weitergezogen, nachdem sie Mutter teilweise gefressen hatten – nein, sie saßen noch immer in ihrem Innern und fraßen weiter! Durch ein Loch am rechten Ellbogen waren sie eingedrungen. Zwar hatte Mutter in stundenlanger Nachtarbeit (unbezahlte Sonderschicht) einen vertrockneten Insektenarsch oder dergleichen mit der Pinzette herausziehen können, doch hatte dies absolut nichts geholfen.

Das Loch in Mutters Ellbogen interessierte den Amtsarzt, und er trug sich mit dem Wunsch, es abzeichnen. Damit tat er sich aber schwer. Fast jeder zweite Strich verrutschte ihm, weil er nach kleinen Fliegen schlagen mußte, die versuchten, in seine Nasenlöcher und seinen Mund einzudringen. Sie waren Nachkommen der Insekten, die drinnen alles wegfraßen, und kamen aus Mutter herausgeflogen, aber nicht aus dem Loch im Ellbogen, sondern aus ihren Poren, und da gab es einige. Schließlich gab der Amtsarzt auf.

»Und was mach ich jetzt mit dem Plan?« wollte Mutter von ihm wissen. »Wenn Sie ihn nicht abzeichnen, ist mir jedwede prothetische Behandlung verwehrt. Dann nützt mir auch das Geld von der Ersatzkasse nichts.«

»Zuerst müssen die Insekten raus«, bestimmte der Amtsarzt.

Er fing das Rauchen wieder an (die Versuchung war ja groß genug) und blies den Qualm ungezählter Zigaretten in Mutters Ellbogenloch. Den Insekten verging das Lachen, denn nun mußten auch sie das Rauchen anfangen, allerdings mit dem Unterschied, daß sie es sich vorher nicht mühsam abgewöhnt hatten.

Sobald sie die neue Gewohnheit beherrschten, lachten sie wieder und fraßen rauchend auch Mutters Gehirn weg, so daß die gute Frau fortan mit ihnen (den Insekten) denken mußte, wenn sie denken wollte. Der Amtsarzt erlebte diese Entwicklung nicht mehr, denn die winzigen Fliegen trieben ihn in den Tod. Als er infolgedessen keinen Rauch mehr zum Loch im Mutters Ellbogen hereinblies, mußten die Insekten in ihrem Kopf zusehen, wie sie auf andere Weise an Nikotin und Teer kamen. Sie zwangen Mutter zum Rauchen, und das Geld von der Ersatzkasse drohte im Handumdrehen für Zigaretten draufzugehen (von prothetischer Behandlung war gar keine Rede mehr). Doch bevor es alle war, und die Insekten Mutter in die Beschaffungskriminalität treiben konnten, hatten sie auch den Rest von ihr (sogar das Loch im Ellbogen) weggefressen.

Um es in aller Deutlichkeit zu sagen: Von Mutter waren nur noch die Insekten übrig. In ihrer Nikotinsucht versuchten sie, sich für Mutter auszugeben und bei der Ersatzkasse weiteres Geld zu erschleichen, aber damit hatten sie kein Glück.

Besucht die Kaspergruft

Auf einem freien Platz in der Nachbarschaft gastierte wieder der kleine Wanderzirkus, der schon im vergangenen Sommer dort Station gemacht hatte. Mir fiel sofort auf, daß ein völlig neues Programm geboten wurde. Nachdem beim letzten Gastspiel nicht einmal die Schulkinder vom Gebotenen beeindruckt gewesen waren, wandte man sich jetzt eindeutig an ein erwachsenes Publikum. BESUCHT DIE KASPERGRUFT prangte in Riesen-Neonlettern über dem Eingang. Diese Entwicklung ermutigte mich, endlich den Schritt zu wagen, mir meinen größten Kindheitswunsch zu erfüllen und um eine Anstellung beim Zirkus nachzusuchen. Doch nicht etwa als Handlanger oder Stallbursche, sondern als Artist. Ich war davon überzeugt, als »Unglaublicher Haferflocken essender Mann« einigen Eindruck, wo nicht gar Karriere machen zu können, wenngleich mir die Formulierung »Unglaublicher Haferflocken essender Mann« auch nicht ganz glücklich erschien. Doch daran konnte ich vorerst nichts ändern, ich war kein Fachmann für geglückte Formulierungen, sondern fürs Haferflockenessen. Wenn ich erst einmal engagiert wäre, würde die Sache automatisch ihren Chic bekommen. Ausgestattet mit einem Beutel Haferflocken und meinen Rentenunterlagen betrat ich eines Vormittags das Zirkusgelände und erkundigte mich nach der Personalabteilung. Man schickte mich zum Wohnwagen des Direktors.

Dem trug ich mein Anliegen vor und begann, zur Bekräftigung meiner Worte Haferflocken zu essen. Der Direktor schüttelte den Kopf. »Nehmen Sie es bitte nicht persönlich«, sprach er bedauernd, »es gibt viele Männer, die Haferflocken essen.«

»Aber wie viele davon sind unglaublich?« erwiderte ich leidenschaftlich.

»Selbst wenn Sie der Allerunglaublichste unter ihnen wären«, beharrte der Direktor, »könnte ich doch nichts für Sie tun. Solche Attraktionen will heute niemand mehr. Der Zirkus, wie wir ihn kannten, ist tot. Darum haben wir alle Artisten und Tiere verkauft. Unsere Zukunft liegt einzig in der Präsentation der Kaspergruft.«

»Das darf doch nicht wahr sein!« rief ich.

»Und doch ist es so«, sagte der Direktor.

Im folgenden erfuhr ich von ihm erstaunliche Dinge. Aufgrund ihrer miserablen Wirtschaftslage hatten die kleinen Wanderzirkusse im Land mit den ebenfalls in ihrer Existenz bedrohten Kaspertheatern fusioniert. Nur so, beteuerte der Direktor, bestünde Aussicht, sich künftig, vor allem an der Börse, behaupten zu können.

»Aber warum *Kaspergruft?*« rief ich verständnislos.

Die Idee zur *Kaspergruft,* so erfuhr ich, verdanke man der Lektüre eines wissenschaftlichen Werkes, R. M. E. Streufs maßgeblicher Schrift *Wie ich den Kasper mit ins Grab nahm und daran gesundete.* Naturgemäß handele es sich um eine mobile Gruft, etwa so groß wie ein herkömmlicher Käfigwagen.

»Ist wirklich Kasper drin?« fragte ich naiv.

Darauf antwortete der Direktor geheimnisvoll: »Das ist, wie sich denken läßt, die am häufigsten gestellte Frage.«

Ich überlegte: Wenn es tatsächlich so wäre, hieße das ja, daß Kasper tot wäre. »Der Kasper ist also tot?« fragte ich.

»Freilich ist er tot«, sagte der Direktor, »was sollte er wohl sonst in der Gruft? Wir zeigen hier seinen einbalsamierten Leichnam.«

Hatte man ihn etwa um des Geschäftes willen getötet? Mit Kaspergift? Ich ließ nicht locker: »Woran ist er denn gestorben?«

»Totgelacht hat er sich.«

»Totgelacht! Eigentlich ein passender Tod für ihn.«

»Um so passender, als er sich über seine eigenen abgeschmackten Späße totgelacht hat.«

»Kann ich ihn sehen?«

»Das kostet einen Zehner.«

»Na gut. Hier.«

»Bitte mir zu folgen.«

Der Direktor führte mich in die mobile Gruft. Tatsächlich war dort jemand aufgebahrt.

»Da wäre er«, erklärte der Direktor.

»Wie«, wunderte ich mich, als ich den Toten näher betrachtete, »das soll der Kasper sein? Der sieht ja ganz anders aus, als ich dachte!«

»Was Sie dachten, ist möglicherweise irrelevant.«

»Nein, das ist doch nie und nimmer der Kasper!«

»Nicht so nahe rangehen! Die Ruhe der Toten soll man nicht stören.«

»Er hat sich also totgelacht, sagen Sie?«
»Richtig.«
»Weshalb hat er dann so einen Kopfverband?«
»Ich muß Sie bitten, jetzt zu gehen. Es ist schon spät.«

Überzeugt hat mich das alles nicht.

Das Fahrzeug

Ich saß ungekämmt und ungewaschen am Küchentisch und las die unrasierte Zeitung. Es brummte laut und anhaltend. Die Zeitung konnte es nicht sein, und auch mein Kopf war es nicht, wie ich herausfand. Nein, das Brummen entstand vielmehr in der höheren Außenluft, gewissermaßen am Himmel. Ich begriff, daß Hubschrauber das Stadtgebiet gezielt überflogen und einkreisten. Dann läutete es Sturm an meiner Wohnungstür. Eine Hundertschaft der Bereitschaftspolizei drängte sich im Treppenhaus. Einige schafften es in meine Wohnung, und einer von ihnen fragte: »Was haben Sie denn mit Ihrem Auto gemacht? Das ist ja völlig hinüber!« Ungläubig ließ ich mich zur Straße hinausgeleiten, zu der Stelle, wo ich mein Kraftfahrzeug am Vorabend geparkt hatte. »Das wird teuer!« raunten einige Polizisten. Mein Fahrzeug war tatsächlich völlig hinüber. Die Lichthupe war verbogen, und aus dem Auspuff kamen unaussprechliche Dinge. Den Anblick, den das Handschuhfach bot, werde ich nie vergessen – einige der Polizisten wurden irre daran. Der Wagen mußte in die nächste Werkstatt getragen werden.

Tags darauf ging ich dorthin, um mich nach den Fortschritten der Reparatur, den Kosten und Folgeschäden zu erkundigen. Lautlos näherte ich mich der sogenannten Reparaturhalle und ging in Deckung. Mir bot sich eine unerwartete Szene: Der Werkstattinhaber stocherte mit einer ca. drei Meter langen Mohrrüben-Attrappe im offenen Motorraum meines Wagens herum. Während ich rätselte, was das zu bedeuten hatte, kam der sehr merkwürdig verkleidete Gehilfe dazu und fragte den Meister: »Sind Sie mit dem Fahrzeug verwandt oder verschwägert?« Dann lachten sich die beiden schief. Die Szene wiederholte sich einige Male, bis ich erkannte, daß ich zur Unzeit gekommen war. Ich zog es vor, unbemerkt zu gehen.

Eine Woche später traute ich mich wieder hin. Nachdem ich im Büro die zehn Euro Werkstattgebühr überwiesen hatte, wurde ich in die Montagehalle geführt. »Tätowierungen nimmt mein Gehilfe im Hinterzimmer vor«, sagte der Chef beiläufig. »Ich sage das nur ganz beiläufig, falls so etwas für Sie in Frage kommen sollte. Die Kasse gibt allerdings nichts mehr dazu.« Mein Wagen stand hoch aufgebockt auf der Hebebühne. »Es kann sein«, erläuterte der Werkstattinhaber, »daß Sie nach der Reparatur nicht mehr tanken können. Jetzt erkläre ich Ihnen, wie so ein Auto aufgebaut ist, wie es funktioniert und was alles kaputtgehen kann.«

Ich hatte eigentlich gar keine Zeit und wollte nur ganz schnell meinen Wagen abholen.

»Ich sehe da so einen unlustigen, so einen geradezu unwilligen Zug in Ihrer Visage«, bemängelte der Chef, indem er mich scharf fixierte. »Ich fände es aber schön, wenn Sie mir eine Chance gäben, meinen Standpunkt zu erläutern!«

Weil er mit einem 98er Kreuzschlüssel vor meinem Gesicht herumfuchtelte, gab ich nach. Anschließend sprang er unter meinem Fahrzeug herum (ich genierte mich direkt, es so von unten zu sehen), zerrte mich am Ärmel mal hierhin, mal dorthin und redete auf mich ein. Dabei geriet er zusehends in Rage, spuckte kleine Schräubchen und stank nach verschwitztem Metall. Ich verstand überhaupt nichts. Ein mir fremdes Wort benutzte er immer wieder, es klang wie »Trakkeling«. Das Trakkeling sei völlig hinüber, das Trakkeling müsse ausgetauscht werden, wenn nicht heute, dann bestimmt spätestens in zwei Jahren. Und immer wieder Trakkeling. Wenn ich nicht auf ihn hörte, schäumte er, müsse ich bis an mein Lebensende Stützstrümpfe tragen, jedenfalls glaubte ich das zu verstehen.

Alle zwei Stunden kam der Gehilfe herein, fragte den Meister lachend: »Sind Sie mit dem Fahrzeug verwandt oder verschwägert?« und kriegte jedesmal eine geknallt, weil das jetzt nicht dran war. Dann lief er heulend ins Hinterzimmer und tätowierte sich. Ich hoffte so sehr, daß ich die Erlaubnis erhalten würde, wenigstens zum Schlafen nach Hause zu gehen. So höflich wie möglich sprach ich, allen Mut zusammennehmend, diesen Punkt an. Dem Werkstattinhaber erstarb das Trakkeling im Munde. Tödlich beleidigt jagte er mich aus der Reparaturhalle. »Ein schönes Wochenende noch!« brüllte er. Als ich ansetzte, heldenmütig zu fragen, ob mein Wagen wohl fertig sei und ob ich ihn mitnehmen könne, pfiff der Chef seinem Gehilfen, der mich sogleich mit der gigantischen Mohrrübe vom Grundstück trieb.

Ich rief die Polizei zuhilfe. Der Wachtmeister, dem ich den Fall dann vortrug, fragte mich barsch: »Sind Sie denn mit dem Fahrzeug verwandt oder verschwägert?«

Zwangsehe

R. stand schon wieder vor meiner Tür. Es konnten kaum drei Tage vergangen sein, seit er zuletzt da gestanden und meine Hilfe erfleht hatte – und zwar als Siebzehnjähriger! Wir waren inzwischen beide über vierzig, daher hatte ich mich doch einigermaßen über seine radikal verjüngte Erscheinung gewundert, ja, ihn zuerst gar nicht erkannt, obwohl wir schon in jenem zarten Alter befreundet gewesen waren. Es war, wenn ich mich recht erinnere, irgend etwas mit einem Verjüngungspräparat schiefgegangen, er hatte da weiß Gott welchen Ärger mit seiner Mutter gehabt, die Einzelheiten habe ich vergessen.

Nun war er also wieder da, ob immer noch als Knabe, weiß ich nicht mehr (ich war nie ein guter Beobachter). Jedenfalls hatte er ganz bestimmt keine Zugposaune dabei – daran würde ich mich erinnern. Ich fragte ihn vielleicht eine Spur zu unfreundlich, was denn schon wieder los sei. Sogleich fing er an zu lamentieren, er solle gegen seinen Willen verheiratet werden. Ich riß mich zusammen und bot ihm im Namen unserer langjährigen Freundschaft meine Hilfe an: »Soll ich dir eine Entschuldigung schreiben?« Mehr konnte ich nicht tun, und es war immer noch besser, als die Sache herunterzuspielen mit Sprüchen wie: »Nun warte doch erst mal ab, vielleicht ist deine künftige Ehefrau ja ein liebenswerter und schöner Mensch«.

Es reichte R. aber nicht, sondern er verlangte: »Du

mußt mich bei dir aufnehmen! Hier werden sie nicht nach mir suchen, dich kennt niemand.«

»Du kannst hier nicht wohnen«, protestierte ich, »erst recht nicht, wenn du nicht wagen kannst, das Haus zu verlassen. Ich könnte dich nicht einmal einkaufen schicken. Dadurch hätte ich nicht nur nichts von dir, sondern durch dein ununterbrochenes Hiersein wärst du mir obendrein eine Last. Über ein kurzes schon würde ich dich unfehlbar hassen. In den Wahnsinn würdest du mich mit deiner schieren Präsenz treiben. Wer weiß, mit welchen Folgen! Eine Bluttat wäre keineswegs ausgeschlossen!«

»Na gut«, sagte R. resigniert, »dann schreib mir halt eine Entschuldigung.«

Ich schrieb sie ihm. Für die Zeit, die ich dazu benötigte, bat ich ihn jedoch nicht herein, sondern ließ ihn im Treppenhaus warten. Einmal in der Wohnung, hätte er es sich blitzschnell überlegen können, und ich wäre womöglich nicht mehr in der Lage gewesen, den sich überall Festklammernden und bei jeder Berührung gellend Schreienden hinauszuschaffen. Mit dem Schreiben ließ ich mir wohlweislich Zeit und hoffte, er werde sich trollen, wenn es ihm zu lange dauerte. Da erst fiel mir auf, daß ich überhaupt keine Ahnung hatte, was ich als Entschuldigungsgrund angeben sollte. Es ärgerte mich, nicht darauf geachtet zu haben, ob er noch siebzehn war. Das nahm mir die Möglichkeit, mich einfach auf seine Minderjährigkeit zu beziehen. Andere Gründe wollten mir einfach nicht in den Sinn kommen. Ich gab auf und ließ ihn herein: »In Ordnung, du kannst hier wohnen.«

Seither ist unser beider Leben die Hölle, und ich möchte R. töten. Um die Situation zu retten, faselt er davon, sich abends doch heimlich hinauszuschleichen, um einen VHS-Kursus zur Umarbeitung seiner Person in eine Frau zu belegen, aber das ist doch Scheiße.

Ich war das Klavier von Brahms

Kein Mensch kann je das Klavier von Brahms sein, und doch war ich es. Man hat mir sehr viel Geld dafür geboten, und so bin ich es dann, der Not gehorchend, geworden. Es gibt historische Aufnahmen von mir, beim Bayerischen Rundfunk auf einer Wachswalze konserviert, alle Jubeljahre einmal vorsichtig abgespielt und in einer Kultursendung ausgestrahlt. Nichtsahnend schalte ich das Radio ein, und was höre ich? Mich. Das Klavier, das da aus dem Lautsprecher tönt, das bin ich! Gejaul und Gebell ist zu hören, keine Melodie, überhaupt keine Musik, und an ein Klavier erinnert nichts. Das kommt daher, daß sich die Organisation meiner eigenen Klavierhaftigkeit mitnichten an europäisch-neuzeitlichen Vorstellungen orientiert. Wie Brahms seinerzeit speziell darüber gedacht hat, ist nicht überliefert. Ich persönlich habe keine Erinnerung an Brahms, was viele einschließlich meiner selbst bedauerlich finden. Vor kurzem hat man mir wieder viel Geld geboten, diesmal für das Verfassen meiner Memoiren. Sie sollen den Titel tragen *Ich war das Klavier von Brahms*. Wie die Dinge nun einmal liegen, werde ich alles frei erfinden müssen. Die so dumme, dumme Welt will betrogen sein, das ist die lautere Wahrheit. Hinter den Kulissen wird unterdessen mein künftiger Ruhm geschmiedet, Radiosendungen werden anberaumt. Fernsehauftritte bleiben mir erspart, weil Brahms dort einfach nicht zu erklären ist. Dafür muß ich zahlreiche Konzertauftritte überstehen. Zunehmend gelangweilter sitze ich ganz vorn im Publikum und höre mir zu, wie ich auf der Bühne jaule und belle, während sich alle vorstellen, daß ein dicker Mann mit grauem Vollbart meine Tasten schlägt. Hätte ich doch den Mut, eines Abends mitten im Vortrag aufzustehen und etwas zu rufen, und sei es nur: »Hier irrt Dr. Brahms!« Da wäre ich dann im Handumdrehen meinen Einkaufsschein los und stünde in allen Zeitungen, aber auf eine Art und Weise, die ich mir nicht wünsche.

Solche Aussichten lassen mich melancholisch werden, besonders um den Totensonntag herum. Ich bleibe zu Hause, in die Betrachtung einiger Verrechnungsschecks versunken, mir ist alles zu viel, ich sage Verabredungen ab, schwänze Klavierkonzerte. Eine Menge Leute sind enttäuscht, viel Geld geht dadurch verloren. Deprimierend ist zudem der Umstand, der mir zufällig durch einen Halbsatz am Telephon bekannt wird, daß nämlich jemand anderer beim selben Verlag wie ich ein Buch veröffentlicht, das den Titel trägt *Hier irrt Dr. Brahms*. Vor Empörung kaufe ich es mir, obwohl ich gewiß dank meiner exzellenten Beziehungen ein Freiexemplar hätte bekommen können. Hauptthese des Werks ist, daß ich gar nicht das Klavier von Brahms gewesen sein könne. Der anschließend geführte Nachweis entbehrt nicht der Eleganz und überzeugt auch mich restlos. Befreit atme ich auf, die böse Zeit um den Totensonntag herum ist vorbei wie der Spuk der albernen Zwangsvorstellung, ich sei das Klavier von Brahms gewesen. Doch schon wieder ist etwas. Im Posteingang finden sich ganz kuriose Formulierungen. Ich verstehe sie einfach nicht. Könnte mir zum Beispiel jemand diese Frage beantworten: Was ist eine »Magensaftschreibmaschine«?

Wunderbare Welt der Wahrnehmung

Des Menschen Wahrnehmung ist ein gar wunderlich Ding. Die Versuchsanordnung hat entscheidenden Einfluß auf den Ausgang des Experiments, letztlich nimmt man wahr, was man wahrnehmen will. Doch in der sogenannten Außenwelt existieren offenbar Prüfsteine, an denen sich individuelle Realitätskonstruktionen bisweilen empfindlich stoßen, ja an denen sie schmachvoll zerschellen können. Hier ein Beispiel für die Demontage eines subjektiven Weltbilds: Im November 2004 hatte ich die Ehre, an der Vergabe eines Literaturpreises an den großen Ror Wolf beteiligt zu sein. Zur Feier dieses Umstands und aus Freude darüber, daß der Preisträger an jenem Abend in so hervorragender Verfassung war, beschloß ein kleiner Kreis von Personen, die im selben Hotel logierten wie Herr Wolf und zu denen auch ich gehörte, nach der Rückkehr in besagte Unterkunft noch nicht auseinanderzugehen, sondern das historische Beisammensein in der Hotelbar fortzusetzen. Dabei kam ich zwischen Ror Wolf und Rolf Michaelis zu sitzen, welcher bei der Preisverleihung die Laudatio gehalten hatte. Alle bestellten etwas zu trinken, mir stand der Sinn nach einem Mineralwasser. Als ich eben irgendwelchen Unfug an Herrn Wolf hinquatschte, wurden die Getränke ausgeliefert. Auf meine Unterhaltung konzentriert, nahm ich im entgegengesetzten Augenwinkel flüchtig wahr, daß das Mineralwasser natürlich wieder mit Zitronenscheibe und Eiswürfeln versetzt war, wie ich das überhaupt nicht mag. Dummerweise hatte ich bei der Bestellung vergessen, auf das Unerwünschtsein solcher Beigaben hinzuweisen, und nun blieb mir nichts anderes übrig, als mit geübten Handgriffen Verhältnisse im Glas herzustellen, die mir genehm waren. Der Konversation weiterhin meine Hauptaufmerksamkeit widmend, fischte ich mit der Rechten so flink wie virtuos die störenden Objekte heraus, um sie in den nächststehenden leeren Aschenbecher zu befördern. Ich war kaum damit fertig, als ich plötzlich Herrn Michaelis' Stimme verwundert tönen hörte: »Was machen Sie mit Ihren Fingern in meinem Campari?« Wie in einem Roman von P. K. Dick veränderte sich da die Welt vor meinen Augen. Kein farbloses Mineralwasser im roten Glas stand vor mir, sondern ein rotes Getränk im farblosen Glas – zweifellos ein wesentlicher Bestandteile entkleideter Campari. Wie unsagbar peinlich! Weshalb steckte ich nicht gleich auch die Füße in sein Glas? Es ist immer wieder furchtbar, wenn es einem wie Schuppen von den Augen fällt und man erkennen muß, welch ein grobfahrlässiger Egozentriker man ist. Herr Michaelis indes demonstrierte wahre menschliche Größe. Nicht nur verzichtete er darauf, mich zu schlagen, nein, er nahm den Zwischenfall obendrein mit bewundernswerter Gelassenheit auf. Von meinem Angebot, umgehend einen Ersatz-Campari auf meine Kosten kommen zu lassen, machte er keinen Gebrauch, sondern trank zu meiner Beschämung den wahnhaft von mir geschändeten. Was mag Herr Michaelis seitdem (mit Recht) von mir denken?

Wenn sich so etwas herumspricht! Die Hoffnung darauf, jemals von der maßgeblichen deutschen Literaturkritik wahrgenommen zu werden, habe ich in jener Nacht begraben. Ist der Ruf erst ruiniert, lebt es sich unrezensiert.

e. E.
24.12.2008

Wie Bücher geschrieben werden

Als Buchautor werde ich manchmal gefragt, woher ich denn vorher wissen könne, was später in einem Buch, das ich noch gar nicht geschrieben habe, drinstehen soll. Ob meine Mutter mir das vielleicht sage. Die meisten Menschen stellen sich nämlich vor, daß ich immer mit meinem Schreibzeug unter dem Tisch sitze, an dem meine Mutter die Wäsche bügelt, und sie völlig ahnungslos frage: »Was soll ich denn mal schreiben?«

Nein, pflege ich zu antworten, so verhält es sich absolut nicht. Wie es sich denn dann verhalte, will man wissen. Und ich erwidere: Das jeweilige Thema wird mir vom Verlag mitgeteilt. Aber damit gibt man sich ja nicht zufrieden, sondern verlangt zu erfahren, wer sich das Thema wohl ausdenke. Der Verleger? Oder doch meine Mutter?

Um es ein für allemal klarzustellen: Das Thema eines Buches denkt sich der Aufsichtsrat der Druckerei aus, nicht meine Mutter und auch nicht der Nachrichtendienst. Und es sind immer andere Themen, oft jedenfalls. Das ist natürlich schlimm, denn man weiß nie, was kommt. Als Beispiel werde ich Ihnen nun einmal zeigen, welche Aufgabe der Aufsichtsrat der Druckerei mir für das nächste Buch gestellt hat. Aus folgender Personalliste soll ich innerhalb eines Jahres einen Roman machen:

2 Pferde mit halbem Reiter, unvollständig;
Verletzter, extrem gutmütig;
Matrose, Gewehr präsentierend (Gewehr fehlt);
Soldat, beim Biwak sitzend (Biwak fehlt);
Krankenschwester, bespielt;
9 Albino-Blitzmädel, im Hemd;
SA-Arbeitsmann, eklig;
Kofferträger, brünftig aber gerecht (Koffer fehlt);
Idiot, ganztägig;
Schwein, wahnsinnig.

Das sind jedoch nicht alle, die Hauptfigur fehlt noch: ein Arzt, der aus Stuhlproben die Zukunft liest. Der hat irgendwie Probleme und schreit immer, der Nachrichtendienst wolle seine Unterhosen filmen. Wie Sie höchstwahrscheinlich längst vermuten, wird es ein Kriegsroman für Leute unter einssechzig. Auch den ersten Satz des Romans hat mir die Druckerei vorgegeben. Er lautet: »Winter 1843. Die Töchter von Pastor Göbel hatten soeben die Raumfahrt überwunden.«

Sie werden mich fragen, wie es dann weitergeht? Nun, als nächstes wird dafür gesorgt, daß ich auf keinen Fall zum Schreiben komme. Das ist das Wichtigste überhaupt. Keine Niedertracht ist dem Universum zu abwegig, um den Arbeitstag des Autors mit Störungen und Ablenkungen zu durchsetzen. Bei Thomas Mann war es ja auch so, und bei Picasso. Die sind praktisch nie zum Schreiben gekommen, weil immer irgendwas war. Meist mußten sie einkaufen gehen oder staubsaugen oder abwaschen. Picassos Frau konnte es überhaupt nicht leiden, wenn er schrieb. Sie konnte es auch nicht leiden, wenn Thomas Mann schrieb. Von Thomas Mann weiß man ja, daß er jedesmal, wenn er Picassos Frau nahen hörte, schnell das Schreibzeug versteckte und sich hinstellte, als ob nichts wäre. Ich persönlich halte es für undurchführbar, ein Buch zu schreiben.

Nachbemerkung

Nach dem Band *Die Durchführung des Luftraums* (Zweitausendeins, 2002) lege ich nun eine weitere Sammlung mit kurzen, noch nicht in Buchform erschienenen Arbeiten vor. *Die Traumdüse* enthält 65 Texte, die mit wenigen Ausnahmen zwischen 2002 und 2009 entstanden und als Kolumnen auf der *Wahrheit*-Seite der *taz* veröffentlicht wurden. Nicht verschweigen will ich, daß einige *taz*-Fassungen wiederum auf längeren Versionen beruhen, die ich ursprünglich für die *Titanic*, die *Frankfurter Rundschau* oder die *Berliner Zeitung* geschrieben hatte. Die Umarbeitung aufs *Wahrheit*-Format ist aber allen so gut bekommen, daß dieses hier allgemein zugrunde liegt. In vielen Fällen habe ich allerdings Veränderungen gegenüber den *Wahrheit*-Versionen vorgenommen. Teils, weil mir etwas nicht mehr zusagte, teils, um die Geschichten aus ihrem Kolumnen-Prokrustesbett zu befreien, denn im Buch müssen sie keine vorgegebene Zeichenanzahl aufweisen.

Für einschlägig Interessierte bietet die vorliegende Sammlung auch so etwas wie Bonusmaterial zu meinen früheren Erzählungen. ›Autorität‹ etwa stammt aus dem Motivkreis der Ingenieursgeschichten in der Erzählungssammlung *Gift Gottes* (Zweitausendeins, 2003), und ›Aufwachen‹ ist die Neugestaltung eines Motivs aus der Erzählung ›Schocktherapie‹ aus dem Band *Schmutz* (Edition Phantasia, 2008). Eine frühere Version von ›Die Rekonstruktion der Katze‹ findet sich bereits in der Kurzprosasammlung *Getaufte Hausschuhe und Katzen mit Blumenmuster* (Reclam Leipzig, 1996), und auch hier, meine ich, hat die Umarbeitung aufs *Wahrheit*-Format dem Text ungemein gut getan, überhaupt staune ich, wie fruchtbar die Zusammenarbeit mit der *Wahrheit*-Redaktion, insbesondere mit Michael Ringel, doch war und nach wie vor ist. ›Wir brauchen Motoren, wir bauen sie selbst‹ erschien zuerst in einer von Friedrich Forssman bibliophil gestalteten Einzelausgabe (erstes – und einziges Heft – der Edition EE&ff, 1994) und erscheint hier, textgetreu, zum ersten Mal in Buchform. Der Gastbeitrag von Max Goldt schließlich wurde eigens für diesen Sammelband geschrieben, wofür ihm Verlag und Autor Dank sagen.

Wuppertal, im Januar 2009   Eugen Egner

ISBN 978-3-937897-27-1
176 Seiten, 17 Euro

»Nichts ist, wie es scheint, und alles ist, als ob es nicht sein sollte. Auf atemberaubend krummen Wegen stößt der Wuppertaler Meister der literarischen Groteske in gänzlich abseitige Sphären der Komik vor.« *die tageszeitung* Michael Ringel

»Verflucht doppelbödige Texte!«
Literaturzeitschrift.de Wilhelm R. Frieling